内容

IP

打造与短视频制作的创新方式

NEIRONG IP DAZAO YU DUANSHIPIN ZHIZUO DE CHUANGXIN FANGSHI

IP

齐特 著

吉林人民出版社

图书在版编目（CIP）数据

内容IP打造与短视频制作的创新方式 / 齐特著.
长春：吉林人民出版社, 2024. 6. -- ISBN 978-7-206
-20971-0

Ⅰ. F713.365.2；TN948.4

中国国家版本馆CIP数据核字第202499FT00号

内容IP打造与短视频制作的创新方式
NEIRONG IP DAZAO YU DUANSHIPIN ZHIZUO DE CHUANGXIN FANGSHI

著　　者：齐　特
责任编辑：王　磊　　　　　　　　封面设计：百悦兰棠
出版发行：吉林人民出版社（长春市人民大街7548号　邮政编码：130022）
印　　刷：廊坊市海涛印刷有限公司
开　　本：787mm×1092mm　　　　1/16
印　　张：13.5　　　　　　　　　字　　数：200千字
标准书号：ISBN 978-7-206-20971-0
版　　次：2024年6月第1版　　　　印　　次：2025年1月第1次印刷
定　　价：58.00元

如发现印装质量问题，影响阅读，请与出版社联系调换。

摘　要

本书主题为"内容 IP 打造与短视频制作的创新方式"，旨在探究目前热门的内容 IP 和短视频产业，并深入研究如何通过创新方式提高这两个行业的传播力和商业价值。全书主要包括七章。

在第一章中，主要探讨了内容 IP 的概念、特点和价值，并分析了内容 IP 的价值和模式，以及内容 IP 面临的挑战和机遇。内容 IP 在娱乐产业中扮演着越来越重要的角色。通过本章的分析，读者能够更加深入地掌握内容 IP 的价值链成分及其商业模式。

在第二章中，提出了价值导向的内容 IP 打造要素，包括人物和情节创作、市场调研和品牌定位、跨平台传播和营销策略三个方面。本章详细阐述了如何以价值为导向打造内容 IP，强调创作要素、市场定位和传播策略的重要性。同时，通过实例分析，探讨了如何将内容 IP 转化为商业价值。

在第三章中，简要介绍了短视频的发展历程、趋势和视觉语言及制作要点。随着移动互联网的快速发展，短视频产业在近年来步入了快速发展的时代，成为数字媒体的一个重要组成部分。本章旨在为读者介绍短视频的发展趋势、视觉语言、制作要点等基础知识。

在第四章中，聚焦于短视频的创新方式，探讨了短视频的音乐和视频交互、原创内容和 IP 授权，以及舆论导向和价值观引导。随着短视频产业的不断发展，如何创新制作、扩大影响、塑造个性化品牌已经成为短视频从业者的一项重要任务。

在第五章中，讲述了如何将内容 IP 打造与短视频制作有机结合，探讨内容 IP 与短视频的融合发展趋势、整合营销方式、舆论引导和价值导向。如何将内容 IP 和短视频有机结合起来，是当前数字媒体产业的一个重要问题。

在第六章中，介绍了 AI 技术在内容 IP 打造中的应用、AR/VR 技术在短视频制作中的应用以及 5G 技术在内容 IP 打造和短视频制作中的应用实例。这三种技术都是当前最新、最热门的数字媒体技术，在内容 IP 和短视频产业中具有广泛的应用前景。

最后，在第七章中，总结了全书的研究结论并展望未来的发展趋势。通过本书的研究，可以发现内容 IP 和短视频产业在今后的发展中，将越来越趋向于深度融合和商业化应用、技术创新、国际合作和跨文化传播等方面。因此，需要从业者进一步探索新的商业模式和内容形式，政府和社会各界也应加强完善相关法律法规和著作权保护措施，为内容 IP 和短视频行业的健康发展提供有力支持。

综上所述，本书分析了内容 IP 和短视频的行业背景和发展趋势，提出了价值导向的内容 IP 打造要素和短视频制作的创新方式，为进一步推动行业的高质量发展提供了一定的理论支撑和实践参考。在未来的研究中，需要进一步加强各方合作，攻克内容 IP 和短视频产业中的技术难题，实现更加优质的行业发展。

目　录

第一章　内容 IP 概述

1.1 内容 IP 的概念和特点

1.1.1 内容 IP 的概念

随着数字化时代的到来，传统媒体行业面临着深刻的变革。新技术、新媒介的兴起不仅改变了人们获取信息的方式，也对媒体行业的发展提出了新的要求，其中打造高质量的内容 IP 成为了行业新的焦点。那么，什么是内容 IP，它的定义又是什么呢？

内容 IP 是指一种通过整合跨域资源和领域知识，打造出具有高度独立性、多元化、系列化、品牌化、价值化和传播力的文化作品。其包含的形式包括但不限于文字、音频、视频、图像等，是能够被保护、交易和变现的资产。

内容 IP 是在数字技术和媒体技术的推进下所产生的一种新型知识产权形式，在新媒体时代下具有广泛的应用空间。具体而言，它是一种以创新为基础、以社交网络为载体、以自媒体为核心、以多元化为具体形态的新型数字音乐产业形态。内容 IP 产业主要由基于新媒体中的数字音乐、数字影视、数字出版、数字游戏等方面构成。

内容 IP 是在数字技术和媒体技术的发展和应用推进下逐渐形成和崛起的。随着新媒体技术、社交网络、移动设备、云计算等新兴技术的出现和发展，内容 IP 产业依托于这些新兴的科技手段，迅速聚集了无数人的关注和创作热情，形成了独特的创新和发展模式，进而带动了新媒体产业的迅速增长。

2020 年，作为一种新兴的知识产权形式，内容 IP 产业已经发展成为一个以内容为核心的产业生态。除此之外，跨界合作也成为内容 IP 产业的重要特点之一，不同行业之间的集中创造和合作，产生的新颖内容缔造了更多的新机遇，促进了数字娱乐产业的进一步发展。

近年来，内容 IP 产业悄然迎来了爆发式增长。人们更多地借助于线上平台进行消费和娱乐活动，从而进一步促进了内容 IP 产业的发展，为内容 IP 产业带来更多的机遇和挑战。

可以说，在当今数字化时代，内容 IP 已成为打造流量和获得商业价值的重要利器。内容 IP 的优势不仅在于其丰富的内容和文化内涵，更在于其可以使创作与营销紧密结合，形成全链条的商业价值。

首先，内容 IP 通过产品系列化、品牌化等方式实现了创作与营销的无缝衔接，有效提高了内容传播的效率和品牌价值。与单一内容相比，内容 IP 更加符合受众需求，具有更强的品牌塑造效果。内容 IP 的系列化发展，不仅可以提高产品资源的利用率，还能更好地实现不同平台和终端的多元化推广，为内容创作者和商业合作方带来更多的营销机会。其次，内容 IP 通过发挥文化符号功能，不仅满足了受众对文化产品的需求和欣赏，同时也能够为商业模式转换提供新的思路和途径。内容 IP 在差异化、个性化需求的背景下，通过打造文化 IP，挖掘文化符号价值，可以让用户对品牌产生更深刻的认知和情感共鸣。而通过文化 IP 的营销，商业品牌可以更好地植入受众心中，建立更加紧密的品牌情感联系，进而推动商业转化、用户增长和产品销售。最后，内容 IP 可以形成"生态系统"，对于创意产业的生态圈发展产生积极推动，促进全产业的蓬勃发展。内容 IP 的打造需要行业多元化参与和有机整合，而这种协作关系的建立，可以促进相关产业之间的交流与协作，推动整个产业的创新发展。例如在内容 IP 的创作生态系统建设中，出版、游戏、影视等多个产业会贡献不同维度的创意资源，促进多个子产业日益紧密地交叉融合，形成强大的内容 IP 生态支撑系统。

在传统影视、出版、游戏、音乐等文化产业中，内容 IP 已经成为经营利润、扩大市场、提高品牌价值、引领文化潮流的重要契机。随着新技术、新媒介的兴起，内容 IP 的打造和推广必须更加注重品质化、多元化、品牌化、价值化和传播力。同时，应该加强文创和相关行业开发，形成以内容 IP 为基础的创意产业，实现绿色、低碳、循环利用的发展模式。

未来内容 IP 的发展前景十分广阔。内容 IP 产业的发展离不开各方面的支持，包括艺术领域、媒体机构、内容创作者和平台提供商等。随着科技的发展，内容 IP 将在多个方面实现更深层次的发展，未来内容 IP 的发展很有可能朝着以下几个方向进行：

（1）多平台多元传播：随着移动互联网、智能设备和社交网络的快速发展，未来内容 IP 将更加多元化、灵活化地呈现在观众、读者和玩家面前。内容 IP 在多平台的传播不仅能够更加稳定和快速，还能够让受众在更多的场景中体验和感受这些作品，提高用户的参与度。

（2）个性化与定制化：未来的内容 IP 将不仅仅是单一的产品，更可能是以一个超级 IP 为基础，囊括多个单一产品的整合。同时，在用户需求更加多样化、个性化的趋势下，内容 IP 也需要更好地满足用户的需求，开发出更加定制化、个性化的服务和产品。

（3）跨界合作：跨界合作是未来内容 IP 发展的重要趋势之一。内容 IP 在跨界合作中不仅能够获取更多的资源和领域知识，也能够扩大自己的品牌影响力，并拓展出更多的商业机会。跨界合作不仅带来了更大的利益，也能开拓新的内容领域。

（4）人工智能和大数据：人工智能和大数据是未来内容 IP 发展的重要驱动力。通过人工智能和大数据的应用，企业可以更好地了解用户的需求和喜好，开发出更加符合受众需求的内容 IP。同时，人工智能技术还可以帮助企业制作更加优质、高效的内容。

（5）虚拟现实技术：虚拟现实技术是数字娱乐产业中的主要创新方向，内容 IP 也不例外。虚拟现实技术可以为用户带来更加真实的互动性体验，提高内容 IP 的吸引力。随着虚拟现实技术的不断创新和完善，未来的内容 IP 将会呈现更加丰富的体验。

（6）区块链技术：区块链技术能够保障内容 IP 的版权和知识产权，降低盗版和侵权的风险，为内容 IP 的保护和变现提供了保障。未来，区块链技术将在数字娱乐产业中发挥越来越重要的作用，为内容 IP 的发展注入新的动力。

综上所述，未来内容 IP 面临着很多机遇和挑战，但是从各方面的趋势来看，内容 IP 的发展前景十分广阔。在互联网技术快速发展的背景下，内容 IP 的生态逐渐成熟，用户黏性增强，衍生产品营销规模不断扩大。但由于行业的独特性，内容 IP 制作的版权争夺和保护也是该行业不容忽视的问题，内容 IP 的版权手续和保护、著作权利益纷争等都需要得到更好的处理和规范。

内容 IP 打造已成为当今数字化时代重要的文化创意产业,它不仅能够满足消费者对于文化多样化的需求和追求高质量娱乐的需要,同时还能为产业转型和升级提供新的思路和动力。因此,内容 IP 已经不仅仅局限于娱乐行业,也成为了创意经济和文化产业的重要组成部分。随着互联网技术的进一步发展,内容 IP 的发展面临着巨大的挑战和前所未有的机遇。内容 IP 的继续发展需要人们对内容 IP 不断创新,让消费者感受到更为贴心的服务,推动数字娱乐产业不断发展。

1.1.2 内容 IP 的特点和分类

内容 IP 是知识的一种形态,在数字化技术不断发展的今天,以音乐、电影、出版等数字化形式为载体的内容 IP,正在迎来其兴盛和繁荣期。相较于传统文化产业,内容 IP 的特点主要表现在以下几个方面。

创新性。内容 IP 的创造和制作具有很高的创新性,它们脱胎于传统创意产业,但相比于传统创意产业,内容 IP 更加个性化,更加注重创新性和时尚度。这种创新性体现在内容创造的方方面面,包括创意选题、剧本设计、角色设定、画面呈现等多个环节。一方面,内容 IP 通过创新设计和技术手段,以高质量的内容形式,吸引了广大用户和消费者的关注和追捧。另一方面,内容 IP 的创新性也体现在内容制作的方式和投放渠道上。以短视频为例,用户通过自己的创意、技能和经验制作出来的短视频,能够在社交平台上迅速分享,被越来越多的用户群体所关注、点赞和转发。这些用户生成的内容 IP,将创新性和个性化发挥到了极致,它们的成功离不开创作者们独特的创作思路和把握精准的社交媒体传播策略。这种通过社交平台创新的内容 IP,

成为了新媒体时代下的独特特征。除此之外，随着技术的不断升级，内容制作方式也在不断地创新，比如虚拟现实技术、增强现实技术等，这些先进技术的应用，为内容 IP 的制作提供了更多全新的创新思路和方式。从内容的制作到播放，无不体现出数字媒体行业在技术、渠道等方面的不断创新。

跨界合作。内容 IP 的制作涉及多种专业领域，需要不同领域之间的人才、技能、资源的共同合作，跨界合作成为了内容 IP 产业的重要特点之一。传统产业中，影视、音乐、文学、游戏等不同领域在创意和内容上存在着明显的界限和差异，限制了内容的创造和流通。而在数字媒体时代，不同领域之间已经打破了界限，通过跨界合作的方式，形成了内容 IP 的跨领域融合。例如，一部优秀的小说，除了出版成为畅销书，还可以改编为影视作品、游戏、音频等多个版权形式，实现多重营收；例如，一首知名乐队的新歌曲，不仅可以登陆各大数字音乐平台，还可以作为电影的主题曲和游戏的 BGM，为乐队带来更多利润。这种跨界合作的方式，不仅丰富了内容 IP 的维度，也有助于产业的成长和发展。

另外，跨界合作还为数字媒体行业的大数据和人工智能技术应用开辟了新的领域，为知识产权和数字经济的蓬勃发展提供了思路。跨领域的合作不仅有助于创作过程的提升，而且也是产业品牌的重要策略之一。跨界合作不仅打破单一领域的局限，将品牌之间的资源和优势进行整合，提高了市场竞争力和商业影响力，还有利于通过品牌认证和内容输出手段，实现以内容为基础、以变现为目的的数字媒体传播。

社交性。在移动互联网通信技术和社交应用平台的支持下，内容 IP 的传播范围越来越广，同时其社交属性也变得越来越明显。这种社交属性使得用户可以就内容 IP 实现分享、交流和互动等活动，从而提高内容 IP 的知名度。

传统媒体的内容传播需要用户通过纸质、电视、广播等方式进行接收，而在数字媒体时代，内容 IP 在社交媒体上的传播范围和速度远远超过传统媒体。其社交属性使得内容 IP 成为了社交平台的重要内容之一，并成为数字媒体领域广泛应用的一个关键因素。社交平台让用户可以在自己喜欢的社交群体中分享、评价、点赞等，这种用户参与度的增加吸引了越来越多的受众，由此形成了内容 IP 的新兴社交矩阵。因此，社交媒体不仅是内容 IP 的传播平台，也是内容 IP 的共生、合作、竞争和融合的社交生态。在社交媒体上，内容 IP 的传播效率相对于传统媒体来说更加高效，用户对内容的共情也更加强烈，分享和互动也更加便捷。

内容 IP 的特点之一是可变现。除了吸引人的艺术表达，内容 IP 还具有实际的商业价值。能够通过多种方式来实现商业价值，如营销推广、广告投放、版权授权、周边产品等。其中，版权授权是重要的变现方式之一，内容 IP 可通过版权授权实现稳定、长期的收益，帮助内容 IP 解决版权纷争和资金压力。随着数字媒体时代的发展，内容 IP 的变现方式也发生了巨大的变化。传统的广告和销售已经不再是唯一的商业变现方式。随着社交媒体的出现，内容推广逐渐变得更加普遍化和直接化，通过社交媒体分享和营销，内容 IP 的商业价值得到了更大的发挥。除此之外，内容 IP 往往会衍生出更多的商机，如衍生品、授权产品等，进一步扩大了内容 IP 的变现空间。版权授权是内容 IP 的重要变现方式之一。通过授权，版权方就可以将自己的内容 IP 运用到各个领域，如影视、音乐、游戏等，从而获取收益。例如，某系列小说就在全球范围内进行了版权授权，成为电影、游戏、周边产品等多种形式的衍生品。通过版权授权，版权方不仅能够获取收益，也能够扩大自己的影响力和品牌价值。

内容 IP 的特点之一是对品质的高要求。在日益增长的内容 IP 行业中，注重品质已成为开发内容 IP 的核心需求。为了能够符合用户的期望，内容 IP 的制作需要具备高水准，特别是在影视和音乐制作方面，需要不断做到创新性和高品质的结合。制作内容 IP 所需的人才，涵盖了电影、电视、动画、数字影像、游戏、文学、漫画等一系列创作领域。在内容 IP 的制作过程中，高品质的要求逐渐变得日益重要。首先，高品质是留住用户的关键。只有品质过硬的内容 IP 才能够赢得用户的信任和认可，从而确保长久的用户黏性。其次，高品质也是内容 IP 商业价值的保障。对于投资者而言，他们希望通过高品质的内容 IP 获取更高效益，提高自己的投资收益率。因此，高品质是保证内容 IP 商业价值的重要因素。

总之，内容 IP 作为数字时代下的娱乐文化产业之一，其特点体现了社交性、创新性、可变现以及高品质等方面的特点。内容 IP 的创新性和跨界合作成为了其产业发展的重要手段，社交性和可变现方便用户进行分享、交流和商业变现。另外，在高品质的要求下，内容 IP 将会产生更好的口碑，推动整个产业不断向前发展。

内容 IP 是一种现实生活与虚拟娱乐相融合的娱乐文化形式，它在传播娱乐文化和提升生活质量方面具有重要的作用。内容 IP 根据在不同媒介的载体和形式分类，可以分为以下几种类型：

（1）影视 IP

影视 IP 是内容 IP 常见的类型之一，它包括电影、电视剧和综艺节目等，还包括网络影视 IP。在影视制作中，影视内容 IP 需要从内容原型中提炼出一个能够符合大众娱乐需求的故事，强调推进人物性格塑造、情节铺设、剧情设计等，同时在制作中注重与时代的契合、思想引领及技术革新等。

除故事情节外，时代性和思想引领也是影视 IP 制作中重要的因素。在电影和电视节目制作中，对时代的把握是非常关键的。制作人需要从时代文化中寻找灵感，把握时代脉搏，从而制作出一个充满时代感和文化底蕴的影视 IP。同时，影视 IP 也需要具备思想引领的作用，通过诠释社会现实和人们的内心感受，为观众带来独特的情感体验。技术革新也是影视 IP 制作中的重要因素。随着技术的不断革新，数字技术在影视制作中的应用也日益普及，不断推动影视 IP 的创新和发展。通过数字技术的应用，影视 IP 制作人员能够更加精准地进行人物塑造和剧情设计等方面的创新，提升电影和电视节目的制作质量。

总之，影视 IP 作为内容 IP 行业中的重要类型，要求制作人员具有优秀的故事情节构建能力、人物性格塑造能力、剧情设计能力等。同时，影视 IP 也需要符合与时代的契合、思想引领、技术革新等多方面的要求。只有在这些方面都做到足够的精细，才能够创造出一个成功的影视 IP。

（2）游戏 IP

游戏 IP 是指在游戏中的创作、发行和传播的娱乐内容，是内容 IP 产业中的重要类型。游戏 IP 可以分为自创 IP 和授权 IP 两种类型。自创 IP 指的是企业根据自身游戏以及市场需求推出的内容 IP。自创 IP 的优势在于其独特性和创新性，可以更好地满足玩家的需求和市场需求。在自创 IP 的开发过程中，需要确保内容 IP 和游戏类型、游戏风格和游戏主题等方面紧密结合，并注重游戏设计的流畅性、游戏剧情情节的丰富性和游戏玩法的娱乐性，如此才可创造出一个成功的游戏 IP。授权 IP 则是向其他创作者和公司收购知名品牌并加以开发。在授权 IP 中，经典的 IP 已经有了一定的用户和市场基础，通过运用现代技术手段和游戏元素将其呈现在玩家面前。授权 IP 在市场营销和品牌推广方面更有优势，但是在游戏品质和内容的创新上存在一定的制约。想要制作出好的游戏 IP，不仅需要做到基本的游戏设计要求，还需要准确把握市场和用户需求。与其他内容 IP 相比，游戏 IP 更注重用户参与和互动，需要将用户需求作为衡量游戏 IP 质量的重要标准之一。通过用户的反馈和市场反馈进行跟踪和调整，不断创新和优化游戏 IP，才能够吸引更多的用户和获得更多的市场份额。

值得一提的是，游戏 IP 也是内容 IP 行业中不可忽略的一部分。随着游戏产业的快速发展和技术的不断进步，游戏 IP 的市场潜力和商业价值也越来越受到重视。因此，在游戏 IP 制作过程中，需要关注游戏质量和用户需求，同时要注重游戏 IP 的市场和商业价值，才能够取得成功。

（3）文学 IP

文学 IP 是指基于原创文学内容而创作的 IP，包括小说、漫画等形式，是内容 IP 业中重要的类型之一。文学 IP 最大的特点在于其深厚的文艺性，它需要融合时间背景、社会文化、审美趋势等因素，通过精致的描写和独创的文艺风格来更好地传达故事主题和情感。

在文学 IP 的制作过程中，故事的选择和原创性非常重要。好的故事是文学 IP 成功的关键之一，需要选取能够引人入胜、易于被读者接受的故事主题，同时在人物塑造和情节铺设等方面进行深入探索。在原创性上，需要注重语言表达和文艺氛围营造，通过精细的描写和独特的文艺风格吸引读者，让读者产生共鸣。如今，互联网和移动设备的普及，使得线上阅读越来越流行，文学 IP 也成为受欢迎的内容 IP 之一，未来的潜在市场巨大，对于内容 IP 行业来说具有重要的意义。线上阅读的普及使得文学 IP 更容易被人们所接受，同时也为文学 IP 的推广和营销提供了新的方式和渠道。但是，在文学 IP 制作过程中也会面临一些挑战和问题。文学原作与文学 IP 之间，由于表现方式和受众对象不一样，存在一定差异。在文学 IP 的创作过程中，需要重视原作内容的保留程度，既要平衡文学原作与文学 IP 的差异和联系，保证内容的原创性和独特性，同时也要充分尊重原文学作品的关键梗概，以保证受众的认可。

随着互联网的发展，文学 IP 在内容 IP 产业中所占的比重将越来越大，未来的文学 IP 市场前景十分广阔。文学 IP 的成功制作不仅可以为企业带来经济回报，还能更好地推广原创文学作品，丰富读者的文学阅读体验。因此，我们有理由相信，文学 IP 将会在内容 IP 产业中不断发展壮大，成为重要的 IP 类型之一。

（4）音乐 IP

音乐 IP 是指基于音乐创作的 IP 形式，音乐 IP 已经成为内容 IP 产业中重要的类型之一。随着当下音乐产业的多元化和混合化趋势，音乐 IP 也随之演变出多种类型。

目前，我国音乐 IP 主要分为华语优质乐队 IP、流行 IP、音乐综艺 IP 和其他形式 IP 等。其中，华语优质乐队 IP 主要通过打造具有华语音乐文化特色的乐队 IP，弘扬中华民族的音乐文化。流行 IP 则是通过各种方式打造流行音乐 IP，包括现场演唱会、音乐 MV 等表现形式。而音乐综艺 IP 则是涵盖了音乐选秀、音乐竞技等多种综艺方式，通过音乐综艺 IP 的形式来展示音乐人才和音乐文化。音乐 IP 的制作需要各行业音乐人、制作人的创意合作。制作人需要根据音乐风格和人声技巧进行巧妙的方案制作，通过精心的声音设计和表现，来展现出 IP 独特的音乐氛围。然而，在音乐 IP 的制作中也会面临一些挑战和问题。随着市场竞争的加剧，音乐 IP 之间的差异性逐渐减少，有些音乐 IP 缺乏独特的音乐风格和表现形式，容易被市场淘汰。因此，在音乐 IP 制作过程中应该特别注意独特性和创新性，才能够创造出一个成功的音乐 IP。同时，音乐 IP 的成功与受众的接受程度密不可分，需要去了解目标受众的需求，赢得他们的支持和关注，通过有效的营销策略和宣传手段来推广音乐 IP。

总之，随着音乐产业的多元化和混合化趋势，音乐 IP 的市场前景十分广阔。而要成功制作出好的音乐 IP，需要符合创意合作、音乐技术支撑、市场营销推广和精心制作等多方面的要求。

（5）卡通动画 IP

卡通动画 IP 是一种以图像来完善娱乐内容的 IP，在网络传媒和儿童娱乐行业中占有重要的地位。卡通动画 IP 具有趣味性和可塑性，往往通过少年儿童的视角来呈现故事情节和人物性格。卡通动画 IP 有着极高的商业价值，不仅可以通过周边商品销售、电影剧场推广获得商业成功，还可以促进卡通形象在文化娱乐市场上的传播。

卡通动画 IP 在制作上需要有较强的创作技巧和创意，以便能够达到吸引和娱乐青少年观众的要求。卡通动画 IP 设计师需要设计出独特的形象和丰富的故事情节，更需要在保留原有 IP 气质的同时注入更多的趣味性与创意。在商业方面，卡通动画 IP 需通过周边商品销售、电视 / 影剧场推广等手段来推动商业实践。周边商品销售是卡通动画 IP 营销的一个重要组成部分，电视 / 影推广则可以为 IP 形象的推广提供良好的契机，从而更进一步地加强商业与文化价值的推广。

然而，在卡通动画 IP 创作的过程中也面临着问题和挑战。一方面，卡通动画 IP 需要在多个方面进行平衡，既要考虑青少年的心理需求，还需适应日趋严格的社会文化和价值观要求。另一方面，市场环境不断变化使得卡通动画 IP 的创新和反应能力面临着巨大挑战。因此，在 IP 创作和市场推广时，相关工作人员应该仔细思考策略和认真执行任务，才能将卡通动画 IP 打造成商业和文化价值兼备的优秀 IP。

（6）综艺 IP

综艺 IP 是一种娱乐、文化、实用、教育等多种元素相融合的综合性娱乐形式。综艺 IP 产业的发展受益于市场环境和人文社会的全面发展，其内容呈现形式也趋于多元化。通过综艺 IP 的形式，观众可以获取到大量的娱乐信息，在信息时代，综艺 IP 具有强大的吸引力和市场竞争力。

综艺 IP 的特点是节目制作简单但生动有趣，且包容性强，需要保证内容主题的特殊性。在制作上需要满足观众多样化的需求，提供遍及娱乐、文化、品质生活、体育竞技等领域的内容。为保证内容丰富和创新，综艺 IP 的制作也需要充分考虑观众的全球化、全媒体化、多元化等思维方式，做到既有文化内涵又不失趣味性。

与此同时，综艺 IP 的制作也需要善于挑战自我，创新多元的组合方式和内容，提升制作的艺术和技能水准，提高节目的质量和观赏性。综艺 IP 的创意在内容方面可以引入对当下潮流、新思维的引导，注重在特点上的创新，只有不断推陈出新，在组织方式、制作手法、内容质量和形式语言、参与模式等方面多做尝试，才能赢得观众的持久观注。

综艺 IP 的商业模式相对较好，制作技术门槛较低，商业盈利模式也较多样化，并可以通过周边商品销售、网上直播、产品授权等多个相关企业获得大量收益，也可以扩展节目的市场。

总之，随着市场和观众需求的变化，综艺 IP 得到了更加广泛和深入的关注和发展。在综艺 IP 的制作和商业化过程中，需要注重内容的创新和创意，推陈出新和不断尝试，不断提高制作技术标准和质量水准，方能够创造出更有影响力、更富有特色的内容 IP，使综艺 IP 成为更加优秀的内容 IP。

（7）纪录片 IP

纪录片 IP 是一种审美、启迪相融合的内容 IP 类型。它以真实的事件为背景，深入挖掘人物性格、社会背景和历史事件，让观众从中深刻地感受到历史、文化和社会的变迁，具有很高的文化价值和教育意义。纪录片 IP 是通过对事件、人物或社会现象进行详细、深入的记录和分析，打造出有影响力、有价值的高品质作品。

在纪录片 IP 的制作上，最重要的是要注重原创性、真实性和深入的挖掘与审视。制作纪录片 IP 需要细心、耐心、全面而且非常系统性地工作，纪录片 IP 制作中不仅需要深入挖掘材料，对材料的深入分析和判断也非常重要。纪录片 IP 的制作也需要在内容丰富和创新性方面下功夫，运用科技手段，创新技术和方式，以表达更多的情感、细节、情境、场景，使得观众更好地了解和深入感受纪录片 IP 的主题和内容。

在营销和推广方面，纪录片 IP 除了可以在传统电视媒体上进行播出外，还可以利用互联网和新媒体来进行推广。通过各种渠道广泛传播，可以让更多的人接触到纪录片 IP，了解并认识其中的价值、意义并进行深度思考。在推广过程中，可以结合现有的培训、演示、话题讨论等方式，组织举办专场讲座、展览、座谈会等活动，以扩大作品的社会影响力和传播力。

纪录片 IP 的成功离不开内容丰富和深度挖掘的基础，同时，也需要注重形式表现和创新性。在市场竞争激烈的今天，纪录片 IP 要想在市场中获得更好的发展，需要加强自身的特色，打造独具风格和价值的品牌形象。通过一系列的创新，例如运用人工智能技术，实现文本分析、语音识别等技术上的创新，探索新的表现方式和形式，也为纪录片 IP 的发展和精进提供了更多空间和机遇。

总之，纪录片 IP 是一种高品质、高价值的内容 IP 类型，在探究人文社会的深层核心价值和本质意义方面，具有不可替代的重要作用。对于纪录片 IP 的制作和推广，需要综合考虑众多的因素，如内容质量、创新性和文化价值等方面，才能真正地实现纪录片 IP 的价值，实现其文化价值的增值。

综上所述，内容 IP 在娱乐文化的发展中发挥了积极的作用，影响了现代人的娱乐方式和生活质量。不同的内容 IP 类型，由于其不同的制作特点和用户群体，呈现出各自独特的魅力和发展前景。因此，在制作内容 IP 时，不仅需要注重内容的创新性和市场的竞争力，还需要根据不同媒介的特点和用户群体的需求来选择正确的制作方式和创作方向，以取得更好的推广和运营效果。

1.2 内容 IP 的价值和模式

1.2.1 内容 IP 的价值与意义

当今社会,内容 IP 已然成为内容创作中的崭新形式,其在娱乐、文化艺术、知识传播等方面发挥了越来越重要的作用。但是，内容 IP 的价值不仅仅局限于此，它还为企业带来了经济价值和商业化空间。无论是在传播娱乐文化还是提升生活质量方面，内容 IP 都具有重要的价值和意义。

内容 IP 在丰富人们的生活中的意义和价值。现代人的日常生活中离不开娱乐，而内容 IP 丰富了人们的生活，提供了大量娱乐方式，这些娱乐方式充满了创意和趣味性。人们可以通过观看电影、电视剧、综艺节目，玩游戏，听音乐，阅读小说、漫画等多种形式，来打发时间、放松心情、扩大社交圈、提高审美能力等。如在电影和电视剧中，它们不仅提供了娱乐的、情感的意义和价值，还可以传播信息、理念，从而发挥了教育、启迪和引导的作用。另外，通过内容 IP 的娱乐方式，我们可以了解不同国家和地区的文化、习俗，增强文化交流。

内容 IP 在文化产业中的意义和价值。内容 IP 已经成为世界文化产业中最重要的部分之一。通过内容 IP 的制作、传播和运营，推动了文化产业的发展，提升了文化产业的竞争力。内容 IP 通过授权和周边衍生产品贩卖等方式进行商业运营，具有高附加值和可持续的经济发展潜力。同时，内容 IP 也是一个强大的创作平台，为许多新兴艺术家和文艺青年提供了机会，激发了文化创意的产生。

内容 IP 在社会精神文明建设中的意义和价值。内容 IP 是传递价值观和社会文明的重要载体，在当今社会中，内容 IP 作为一种文化传承、知识传播和价值观教育的重要手段，得到了广泛的关注和重视。内容 IP 由各种元素构成，如文学、历史、科技、艺术、文化等，这些丰富而有深度的元素，为新时代人群带来了新思想、新文化和新观念。在社会精神文明建设中，内容 IP 还具有重要的引领和借鉴作用。它不仅有助于传承和弘扬传统文化，更能够引领新时代的文化发展，推动现代文艺的进步和完善。同时，在与观众的交流中，内容 IP 可以传播生动而有趣的观点，有利于增强观众的文化素养和思想意识。当我们欣赏内容 IP 时，我们也会接受到其中包含的知识及相关价值观，这有利于传递正能量，更好地引导社会风气，形成稳定良好的社会环境。

内容 IP 在文化精神满足方面的意义和价值。随着人们生活水平的提高，文化消费需求逐年递增，内容 IP 已经成为人们满足精神文化需要的一种方式。内容 IP 的特点是其多元化和创新性，其吸引力在于其能够超越时间和空间的限制，让观众获得极为丰富的视、听、感体验，营造现实与虚拟之间的情感共鸣。在内容 IP 中，人们可以欣赏到深度挖掘的艺术及文化素材，体验历史、文艺、科技等领域的精华，同时，还可以感知到内涵丰富、积极的价值观。不仅如此，内容 IP 的趣味性和交互性也让观众得到更好的参与体验感，激发出观众的好奇心、求知欲以及探究欲望。内容 IP 还可以满足不同人群的文化需求。无论是少年、青年、中年还是老年，不同年龄阶段的人都可以从不同类型的内容 IP 中找到自己喜欢的内容。对于孩子而言，内容 IP 可以激发他们的好奇心、学习兴趣；对于青年群体，内容 IP 可以帮助他们了解更多的知识和信息；对于中年和老年群体，内容 IP 可以丰富他们的生活，提升他们的文化素养和精神生活质量。因此，内容 IP 具有重要的精神文明意义和价值。它满足了人们对文化和美的追求，同时提升了观众的文化素养和思想意识。在未来的文化发展中，内容 IP 将继续发挥其重要作用，在推动文化创新、促进文化产业发展方面发挥更大的作用。

内容 IP 在产业链方面的意义和价值。内容 IP 的发展已经成为产业链中的一个重要环节。内容 IP 不仅需要在创作阶段通过深入挖掘和创新来保持其竞争力，还需在宣传和推广阶段通过市场流通来实现商业化运营。而在内容 IP 的商业运营过程中，周边产品和服务往往覆盖生产、发行、宣传、推广、版权等多个领域。例如，内容 IP 的出版、演出、广告、旅游、电商等不同的业态，都可以创造区间收益。这些区间收益进一步推动了相关产业的发展，鼓励了创作者、娱乐企业和相关服务商等形成以内容 IP 为核心的产业链，推动内容 IP 产业进一步发展。随着内容 IP 产业的逐渐成型，它已经成为产业链中不可或缺的环节。它不仅需要在创作阶段保持创新和竞争力，还需要在运营阶段实现商业化价值。这就需要建立以内容 IP 为核心的产业生态系统，形成完整的产业链，从创作者、生产企业、发行平台、文化传媒、广告宣传、文化旅游、电商平台以及知识产权维护等方面形成协同联动，以实现产业链有效运转和价值最大化。因此，内容 IP 在产业链方面具有重要的意义和价值。

内容 IP 的商业运营是其产业化的关键。在这个过程中，内容 IP 所涉及的出版、演出、广告、旅游等领域，将会创造出大量的区间收益。这些区间收益可以满足不同环节的利益需求，激发相关产业的发展和创新。例如，电影 IP 会创造出电影票房、衍生产品销售、数字版权销售等区间收益，进而助力相关产业的发展。与此同时，内容 IP 的商业化运营还能够为文化产业带来更多的利润和商机。它能够促进创意设计、文化传媒、品牌推广等相关产业的发展，提高知识产业价值，增强文化产业的核心竞争力，促进文化产业的不断创新进步。此外，内容 IP 还能为文化旅游行业的发展贡献力量，在推动文化旅游产业的高质量发展、提升旅游客户体验方面发挥了积极作用。

总之，从多个层面来看，内容 IP 都具有重要的意义和价值。它不仅为人们提供了多元化、创新性的娱乐内容，丰富了人们的生活，也推动了文化产业的发展，为社会精神文明和文化普及作出了贡献。随着互联网技术的不断发展和内容 IP 市场越来越受到关注，内容 IP 的意义和价值将更加突出。

现今，内容 IP 已经成为现今市场上一个重要的、极具发展潜力的产业。以优秀的内容作品为起点，将其包装打造成各种业态和市场产品，可以创造出数量、规模和价值上不可估量的经济总量。未来，内容 IP 必将成为经济发展的重要推动者。内容 IP 将成为优质内容创作和品牌商业化发展的必然趋势，其巨大的投资潜力和多元的业态将会进一步推动市场的发展。更重要的是，随着内容IP的拓展和深化，配套的周边产业将会快速发展，成为产业链上重要的一环。因此，企业不仅要注重打造自己的内容IP品牌，还需要将其打造成周边的商业化产品，发掘出更大的经济利益。未来，优秀的内容IP必将继续增长和发展，拓展更多的商业机会和成长空间，成为各行业、各领域的重要引领者。

1.2.2 内容IP的模式

内容IP，是由文学、艺术、科技、游戏、历史等方面的元素组成的原创内容，通过授权和周边衍生产品贩卖等方式进行商业运营和推广的一种知识产权形式。随着互联网技术的不断发展和普及，内容IP的市场和产业联动也在不断地扩大和完善。在内容IP的商业模式中，包括以下五个方面。

（1）内容IP的制作模式

内容IP制作是内容IP产业链中的第一环节。该环节是内容IP的核心和基础，包括IP选题、剧本创作、角色设计、美术设计、音乐制作、CG小特效、配音配乐以及后期制作等内容。内容IP的制作需要面向观众，创造出富有特色、深度、表现力和社会价值的内容，为观众提供多重感官及多层次的艺术体验。制作过程中要注重原创性和保护知识产权。

当前，内容IP的制作主要采用深度定制的方式。具体来说，就是在选题阶段，根据市场需求和观众喜好等因素，精选出具备特色和社会性价值的IP，有针对性地进行创作。在剧本创作环节，一般会组建一支富有创意、专业经验丰富的团队进行创作，确保故事情节的扣人心弦、人物性格的丰满和深化、情感的鲜明，与此同时，注重其文化底蕴和社会价值。在美术设计方面，力求将人物形象、场景设计、道具配搭完美呈现，使得观众能够在视觉上得到极致体验。在音乐制作方面，借助音乐元素来强化剧情、情感、文化内涵等方面的表现力。在后期制作环节，进行剪辑、特效制作、配音配乐等环节处理，为观众提供更加精彩的艺术体验。

这种深度定制的制作模式可以使内容 IP 更加精致、贴近观众需求，更加符合市场要求。不仅如此，定制化制作还有利于内容 IP 的商业化运营。好的 IP 不仅可以成为一个良好的口碑推广和市场支点，还能激活相关产业的创新和发展。

值得一提的是，内容 IP 的制作模式也需要在改编的同时注重原创和保护知识产权。改编是内容 IP 的一种重要创作方式，有利于将具有传统文化底蕴的作品，转化为更加适合当下市场需求的文化产品。而在注重原创方面，是要重视创意、创新，发挥创造性思维，为受众带来全新的体验。在保护知识产权方面，加强知识产权保护，建立健全的知识产权法律保障体系，保护内容 IP 的合法权益。

总的来说，内容 IP 的制作模式已经成为内容 IP 产业链中非常重要的一部分。制作模式的深度定制、注重原创和保护知识产权等方面都将为内容 IP 的商业化运营提供良好的土壤。未来，内容 IP 的制作模式将不断得到优化和创新，不仅为观众提供更加丰富、多元的文化产品，也将为文化产业的发展注入更多的活力。

（2）内容 IP 的授权模式

内容 IP 是一个集文化、娱乐、商业于一体的新兴产业。而其中，授权模式作为内容 IP 商业化运营的重要手段之一，将内容 IP 的商业价值最大化，也为内容 IP 的网络传播和多元化应用提供了便利。

内容 IP 的授权模式是指，通过购买内容 IP 形成的版权，使购买方在合法范围内利用这些内容 IP 进行商业运营。在授权过程中，内容 IP 管理方会将授权范围、授权期限、授权费用等相关信息明确规定，并由双方签订正式的合同。除了版权授权，内容 IP 的授权形式还包括动画制作授权、衍生品授权、游戏授权、漫画授权等。这些授权能够保障原有 IP 的版权益处，扩大 IP 的全球性传播和盈利空间，使原有 IP 的价值更加充分体现和实现。

授权模式对于内容 IP 的商业化运营具有重要作用。首先，授权收入是内容 IP 的主要收入来源之一，能够在短时间内快速形成资金回报，同时也会为授权方所处的产业链的发展注入资金和活力。其次，授权可以让内容 IP 更加广泛地传播，推广其音乐、影视、美术、文化等多元化应用，从而让更多的观众和用户能够接触、认知、喜爱内容 IP。此外，授权也有利于 IP 的品牌价值的提升，打造出更具品牌效应的 IP 形象，带动 IP 周边的消费和流量增长。

在授权模式下，内容 IP 方不仅需要对自身的知识产权保护进行全方位的掌握和监督，还需要与授权对象进行沟通和协商，共同确定 IP 展示或利用的方向。这就需要内容 IP 方严格把控授权的质量和控制市场容量，以防过度授权导致市场充斥着低质量的产品和不良导向的营销。

内容 IP 的授权模式是内容 IP 商业化运营中非常重要的一个环节。合理的授权模式有利于内容 IP 价值的最大化和多元化的市场应用。内容 IP 管理方需要通过加强版权保护、质量控制、市场监管等方法，最大程度地推动内容 IP 的商业价值的发挥和落地。随着网络技术、数字经济的快速发展和应用，内容 IP 的授权模式也将逐渐被创新和完善，从而更好地实现内容 IP 的商业运营和推广。例如，内容 IP 管理方可以尝试将授权模式与数字人工智能技术相结合，从而实现更精准、更智能的 IP 授权方式，这将会更加适应当前数字化、智能化的环境。同时，在授权范围方面，也有可能推出新的内容 IP 衍生品以及新的合作伙伴，从而不断扩大内容 IP 的商业应用范围。

未来，内容 IP 的授权模式将进一步融合市场需求、观众喜好和人工智能等前沿技术，形成符合时代潮流的全新模式。未来，更加智能、更加便捷、更加高效的授权模式将被不断创新和完善，从而更好地推动内容 IP 的商业运营和传播。

（3）内容 IP 的版权模式

内容 IP 的版权模式是内容 IP 商业运营中非常重要的一个环节。它是指购买者获得相关使用内容 IP 的权利，并享有内容 IP 未来创造的若干权益。从版权持有者角度来看，版权能够为其带来收益和保障其知识产权，促进其版权价值的实现。而从购买者角度来看，则能够通过购买使用权获得一定的盈利回报，有效地推动内容 IP 的营销和发展。

常见的版权模式有独立权益版权模式、固定业务联盟版权模式和平台资源整合版权模式。其中，独立权益版权模式是指针对某一具体内容 IP 的版权授权，由版权所有者进行独立运作。这种模式通常适用于电影、电视剧等产业，在影视 IP 中，独立权益版权模式被广泛运用。

固定业务联盟版权模式是指联盟商通过一定程度的业务合作方式，达成一种固定收益的分配模式。在此模式下，多个商家通常会联合购买某一内容 IP 的版权，然后通过各自的业务和资源来实现对版权的商业化运营。这种模式通常适用于动漫、游戏等领域。

而平台资源整合版权模式则是将多种 IP 综合整合，打造出不同战略 IP 组和资源组合，并引入多种商业模式和授权形式。在这种模式下，平台通常必须拥有一定的资源和技术实力，可以通过平台的内容整合和投资运营推动 IP 之间的交叉推广和营销。这种模式通常适用于大型的创投公司或品牌公司。

在版权模式下，内容 IP 方需要注意保护自己的知识产权，并在版权运营中掌握稳定的授权、价值分配等基本规则。作者可以通过与知名版权公司交流、参与行业活动等方式获取更多的经验和资讯，为自己的版权运营打下坚实的基础。同时，网站和平台方也应密切跟进市场的变化及用户的不同需求，发掘潜在内容 IP，以最优秀的创意、良好的品牌形象，更好地提升内容 IP 的价值。

内容 IP 的版权模式是内容 IP 商业运营中不可或缺的一个环节。对于内容 IP 持有者和购买者都拥有着重要的意义，能够最大程度发挥内容 IP 的价值，推动其商业化运营和多元化的市场应用。未来，内容 IP 的版权模式将逐渐被创新和完善，从而更好地推动内容 IP 的商业化运营和传播。作者可以通过了解不同版权模式的特点，寻找最适合自己内容 IP 的版权模式，并结合自己的实际情况确定合作伙伴和商业战略，以最大程度地发挥内容 IP 的商业价值。

（4）内容 IP 的周边企划模式

随着时代的发展和消费者需求的不断变化，内容 IP 的周边企划模式也在不断创新与完善。周边企划是由原作方或授权方通过周边产品来扩展内容 IP 的品牌影响力，提高知名度和收益的一种商业运营方式。

周边企划的产品形式多种多样，包括但不限于文创衍生品、电子游戏、漫画图书、模型手办、日用品等。其核心目的是利用内容 IP 原创元素和人物形象，满足和消费者的收集和消费需求，带动内容 IP 的商业运营。

周边企划模式可分为两种，第一种是在内容 IP 原创基础上进行拓展，创造新产品，满足消费需求。第二种是将已有产品内容进行授权，与内容 IP 相结合，开发周边产品，扩展内容 IP 的多元化市场应用。

对于内容 IP 商业化运营方而言，周边企划能够带来更多的商业机会和收益，同时也增强了内容 IP 在市场中的知名度和影响力。另外，周边企划还可以带来更多的合作机会和商业伙伴，增加营销渠道和应用场景，实现更多的商业价值。而对于消费者而言，周边企划则提供了更多的选择和消费体验，满足了其对于内容 IP 的情感需求和收藏欲望，从而形成更加长久和稳定的消费者忠诚度。同时，周边产品的创意和设计也可以为消费者带来更加美好的消费体验和感受。

在周边企划模式中，内容 IP 商业化运营方需要注意把握好周边产品的品质和创意，保证其与内容 IP 的主题和形象相符合，同时也需要合理规划周边产品的开发和销售计划，以避免过度依赖周边企划所带来的收益，影响整体业务的发展和稳定性。

随着技术的不断进步和市场的不断变化，周边企划模式也将在未来不断创新和完善，例如结合电子商务、互联网营销等新技术和新模式，开发出更加前沿和有创意的周边产品，为内容 IP 的商业化运营带来更多的可能性。

（5）内容 IP 的员工储备模式

内容 IP 的员工储备模式是指，为了保证内容 IP 持续发展和提高其核心竞争力，在生产环节中需要储备一批专业人才，以确保内容 IP 创作的高质量和持续性。对于自主开发或拥有知识产权的内容 IP，对人才储备有着极高的需求，包括编辑、编程、美术、音乐、编剧等方面人才。

同时，员工储备模式也是为了支持内容 IP 发展规划，并通过对人才的引进、培养和管理，来提升内容 IP 的优势，实现其商业价值最大化。

综上所述，内容 IP 的商业模式包括制作、版权、周边企划和员工储备模式等方面，这些方面共同构成了内容 IP 生产、推广和运营的整个生态系统。其中，每个模式都有其特点和优势，用以不断完善和扩大内容 IP 产业链，使其在文化传播、商业价值等方面持续发展和提高自身核心竞争力。因此，和其他领域一样，内容 IP 商业模式的形成也是内容 IP 产业发展的关键，也是实现内容 IP 商业价值的重要保障。

随着互联网技术及移动互联网的发展和普及，内容 IP 产业的市场规模和商业价值持续增长，并成为各大文化娱乐公司、游戏公司、影视公司等重要的商业领域。内容 IP 商业模式的发展和创新，为内容 IP 产业的持续发展和不断创新打下了坚实基础。

然而，我们也要注意到，内容 IP 的商业模式中也存在着一些问题，如版权保护不力、盗版等。这些问题不仅侵犯了知识产权，也损害了内容 IP 的商业价值和创作者的创作热情，因此我们需要在完善内容 IP 的商业模式的同时，加强知识产权保护和营商环境的改善，进一步促进内容 IP 产业健康发展，推动社会和文化的进步。

总之，内容 IP 作为不同文化和娱乐领域的精品内容和创新模式，其商业模式也随着时代的变迁和技术的更新而不断变革和完善。通过不断的创新和实践，内容 IP 的商业模式将继续拓展推广，为推动文化的传播和商业价值的实现，发挥更为重要的作用。

1.3 内容 IP 面临的挑战和机遇

1.3.1 内容 IP 的创新性和竞争性

随着互联网的快速发展，内容 IP 已经成为了娱乐及创意产业中的一种重要形式。内容 IP 不仅是用户获取各种信息的重要途径，也是企业获取利润的重要手段。内容 IP 不仅能够打造品牌，提高企业影响力，还能够创造商业价值，带动消费市场的增长。因此，内容 IP 的创新性和竞争性对于内容 IP 产业的发展和企业的利润至关重要。内容 IP 产业的创新性主要从以下三个方面体现。

（1）创新的内容形式

内容 IP 作为一种文化产业，除了需要具备精良的创作，也需要在形式上进行创新。在如今创意满满的市场，一款优秀的内容 IP，不仅要能够引发人们的共鸣，更需要有独特的形式，以实现产品和品牌的价值。创新的内容形式也是内容 IP 的核心竞争力，如电影、电视剧、游戏等内容形式都应具有丰富的创意方式。在此基础上，继续思考内容 IP 的形式创新，探寻新的价值应用和开拓市场。

随着数字技术的不断提升，内容 IP 的创新形式已经呈现出高度多元化的趋势，例如云游戏、VR、AR 等新兴技术的应用，完全颠覆了以往的文化体验。云游戏在不消耗硬件设备、不占据用户存储空间的情况下，通过互联网快速传输并实现互动游戏。VR 技术打破了传统的游戏模式，让用户身临其境地感受游戏世界。AR 技术则通过实时投影真实的数字内容，为场景增添新的元素，让用户体验独特的商业模式。

除此之外，内容 IP 的形式创新还可以体现在文化元素上，例如某些传统文化主题的内容，以历史故事为基础，在保留传统文化特点的同时，注入新的元素和审美理念，使得传统文化重新焕发生命力。同时，面对年轻一代目标人群的内容 IP，也需采取创新的形式来吸引年轻用户。

总之，创新是内容 IP 产业链进步的关键所在。随着用户消费观念的不断变化，内容 IP 的形式创新也将愈发多样化和个性化。内容 IP 管理方和市场方都应当持续关注市场和消费者需求，寻找给内容带来更高附加值和创新空间的形式和手法，不断完善和提升内容 IP 的竞争力，推动行业健康、持续、高效地发展。

（2）密切融合多种元素

内容 IP 的创新性在于多种元素的融合。当下市场上内容 IP 的形式已经超越了传统的平面媒介，可以说，大数据和互联网技术时代的来临使得内容 IP 得到了全新的发展机遇，成为人们娱乐、知识获取、信息交流的重要途径。

（3）向不同领域渗透

内容 IP 的创新性不仅仅表现在文化领域的探索和应用上，还显现在向不同领域的渗透上。内容 IP 的跨界创新不仅仅能够拓展其应用范围和市场空间，还能够引入新的创意和概念，丰富内容 IP 本身的内涵和创意。

例如，某些热门影视作品，不仅拥有自己的周边衍生品和游戏，甚至还被搬上了舞台，被改编成了音乐剧等。这些不同领域的转化使得内容 IP 获得了更为广泛的观众和参与者，同时也能够扩展内容 IP 的创意和价值，带来更大的商业成功。

在游戏领域，内容 IP 的渗透更加明显。众所周知，IP 改编游戏已经成为游戏行业发展的重要动力之一。如今，越来越多的优秀内容 IP 都开始进入到游戏领域，与强大的游戏开发商合作推出游戏作品。同时，内容 IP 在游戏中的应用也在不断创新和发展，例如 VR、AR 等新技术，进一步提高了游戏的真实感和沉浸感。

此外，在美食领域，内容 IP 的探索也越来越多。越来越多的内容 IP 通过发布菜谱书和美食节目等形式，将内容 IP 的主题和形象融入到美食创作和营销中，形成了一种全新的文化体验和消费行为。

总之，内容 IP 向不同领域的渗透是内容 IP 创新性体现的一个重要方面。内容 IP 管理方应该深入挖掘和发掘跨界创意，推动内容 IP 的创新和发展。同时，市场方也应当加强资讯的监管和传播，打造更加多元、安全的内容 IP 交流平台。未来，随着网络科技的不断革新和市场的不断演变，内容 IP 将向不同领域进行渗透，给人们带来更多的惊喜。

内容 IP 的创新性是打造一个成功 IP 的基石。要打造一个成功的内容 IP，必须具有独特的创新思维和实现方式。在打造内容 IP 的过程中，企业需要运用创新思维，寻找新的表现形式和渠道，探索新的故事情节和角色类型，以打造出更具有吸引力和新颖性的内容 IP。其中创新思维的运用，可以是内容创意、科技手段的运用等方面，这些因素将有助于成功 IP 的诞生。

内容 IP 的竞争性是制约其发展的关键。数字娱乐产业已经进入纵向深度发展阶段，内容制作、分销和细分市场的竞争日益激烈。而内容 IP 的竞争性主要包含以下两个方面。

①体验感

体验感是内容 IP 茁壮成长和生存的重要动力，也是内容 IP 商业化运营的重要指标之一。体验感不仅仅包括产品设计、表现方式、故事情节等方面，更是内容 IP 品牌的核心形象和消费者忠诚度的重要评估指标。

在内容 IP 商业化运营中，培养消费者的体验感和满意度是关键所在。良好的体验感可以直接影响消费者的购买意愿和消费体验，进而带动产品销售和用户留存。因此，制作者和营销者要对内容 IP 的产品设计、营销策略等方面进行研究和改进，增强内容 IP 的体验感和用户黏性，提升产品竞争力。

首先，内容 IP 的产品设计应该以用户需求为导向，注重产品的功能性和实用性。产品的外观设计要符合内容 IP 的主题和形象，同时有趣、新颖，能够吸引用户的眼球。设计方面是否有瑕疵，是否造成用户的不适感等问题都需要被着重考虑。

其次，内容 IP 的表现方式也要求不断创新。例如，在创作小说、电影、动画等形式时，内容 IP 可以通过的特效和音效等技术手段，增加体验感和沉浸感。同时还可加强与消费者之间的互动，例如在游戏开发过程中，提供更多的游戏攻略和技巧，增加游戏的趣味性和挑战性。

最后，内容 IP 的故事情节也要注重体验感的构建和传递。故事情节必须与内容 IP 的主题密切相关，保证其具有可读性、可看性或可玩性，从而让消费者更加容易产生共鸣和情感交流。

在内容 IP 的商业化运营中，体验感不能仅仅是产品的附加值，而应该是产品的核心价值和重点关注。制作者和营销者都应该注重消费者感受和反馈，不断探索新的体验方式和用户需求。只有不断提高体验感，才能为内容 IP 的长远发展奠定良好的基础。

②商业化运作和市场营销

随着内容 IP 的崛起和普及，商业化运作和市场营销也成为了内容 IP 竞争的关键因素之一。商业化模式和市场营销方式的选择和执行，直接决定了内容 IP 的成败。所以掌握好商业化运作和市场营销模式成为内容 IP 的核心竞争力。

在商业化运作方面，内容 IP 的盈利模式多种多样。广告收入和付费收入是主要来源。广告收入是基于流量分成而赚取的，付费收入则取决于内容 IP 内容的优劣程度和市场需求。线上发售、票房收入以及衍生产品等的盈利也会成为内容 IP 收入的主要来源。由此可见，内容 IP 的市场监测和定位非常重要，只有了解消费者的需求，制作优质的内容，才能够有效地推广和运营内容 IP，获得稳定的盈利。

在市场营销方面，数字娱乐产业正在逐渐从传统的广告和推销方式向以内容 IP 为引导的营销方式转变。各种新兴的市场营销方式相继出现，根据内容 IP 的特点和定位，选择不同的市场营销方式也成为了内容 IP 营销的关键之一。例如，新媒体营销可以利用社交媒体平台和短视频等新媒体手段，有助于形成粉丝群体和扩大内容 IP 的影响力。KOL 营销则可以通过"网络红人"和"大 V"吸引更多的消费者，并且建立更好的品牌形象。时尚营销和社交媒体营销等方式则可以让内容 IP 更加生动、实时和新鲜，吸引更多消费者的目光。

商业化运作和市场营销是内容 IP 发展和盈利的重要保障。许多成功的内容 IP 可以通过恰当的商业模式和市场营销策略，将自己的影响力和收益最大化。因此，内容 IP 的制作和营销者需要透彻了解消费者的需求和心理，不断创新和完善自己的商业模式和营销策略，以不断提升内容 IP 的品牌价值和市场占有率。同时，建立健全的版权保护制度也是内容 IP 发展的基础，有利于保障商业运作和市场营销的稳定性和可持续性。

内容 IP 的竞争性也在某种程度上反映了企业的市场竞争力和商业竞争

优势。在市场上，内容 IP 数量和竞争者数量快速增加，如何打造具有较强竞争性的内容 IP，保持自身的竞争优势，是研究内容 IP 创新的重要方向。企业需要把握先发优势，利用多种营销推广手段，探索合适的方法，完善内容 IP 的运营模式，同时根据市场需求和消费者心理进行合理调整，提升自身的竞争力。

在内容 IP 打造的过程中，企业需要面临如何在自身优势和消费需求之间建立合理的平衡的挑战。这也是一个关键的难题，只有解决了这个问题，才能够打造具有深度和高质量的内容 IP。为了应对这个难题，企业需要不断地提升内容制作质量、拓展内容 IP 类型、寻找新的受众市场，并提供多元化的内容营销方法来满足用户的需求和期望，从而为用户带来更好的内容体验，提高用户的满意度，并增加企业的市场份额和商业价值。

另外，企业还需要在内容 IP 制作之前，深入研究市场需求和受众心理，并结合自身的优势和创新，量身打造内容 IP，以满足用户的需求。例如针对不同的用户群体，可以制作不同类型的内容 IP，以满足他们不同的需求和兴趣。同时，企业可以利用数据分析来了解用户的需求和行为，以更好地洞察用户心理和行为习惯，为内容创意提供参考意见。除了提高内容质量和满足用户需求，企业还可以通过拓展内容 IP 类型来寻求平衡。例如，除了影视剧和动画之外，企业也可以将内容 IP 延伸到文学作品、漫画及戏剧创作中，以丰富内容 IP 类型，满足不同用户的需求并增加市场占有率。

在增强内容 IP 创新性和竞争性的同时，还要考虑到知识产权保护、版权问题和法律法规的遵循。一旦侵犯了知识产权，企业将会面临巨大的法律风险和品牌危机。因此，企业在打造内容 IP 的过程中，必须严格遵循知识产权等法律要求，以加强自身的合法性。

内容 IP 的创新性和竞争性是内容 IP 产业发展的重要因素。创新性是内容 IP 具有引领数字娱乐产业的核心力量的重要前提，而竞争性则是内容 IP 得以具有市场竞争力的重要条件和视角。今后，内容 IP 产业将在创新性和竞争性方面不断前进，创造更多高质量、多元化的内容 IP 品牌，同时也为数字娱乐的发展提供动力。要打造具有差异化特点的内容 IP，企业需要在精细化产品线的基础上，注重知识产权保护，并在内容生产和商业化之间取得平衡点。只有通过不断的探索、实践和反思，才能够提高内容 IP 的品质和竞争力，并在市场竞争中立于不败之地。

最后，内容 IP 的创新和竞争力不仅是其产业自身发展的关键要素，也是企业获得经济效益和增长空间的主要手段。通过不断提高内容 IP 的品质、丰富内容 IP 类型、拓展市场渠道和挖掘消费者需求，内容 IP 可以更好地满足消费者对创意内容的需求和期待，提升其市场价值和收益。在此过程中，企业也能够占据更大的市场份额，提升自身的竞争力，促进内容产业的发展并推动文化创新和文化产业的发展。因此，内容 IP 的创新和竞争力可以说是内容 IP 产业不可或缺的要素。

1.3.2 内容 IP 的合法性和伦理性

在内容 IP 的制作和推广过程中，合法性和伦理性一直是亟待解决的问题。在市场上，侵犯知识产权的事件屡见不鲜，这对原创内容的利益造成了严重损害，同时也抑制了内容 IP 的创新发展。随着社会的进步和对伦理道德重视度的不断提高，现代社会对内容 IP 伦理性问题的关注度也日益提高。在推广内容 IP 的过程中，必须在合法和伦理的轨道上开发和推广。

内容 IP 的合法性一直是一个备受争议的问题，关于一个内容 IP 怎样属于合法，在什么情况下存在违法的嫌疑，社会上一直都有不同观点。内容 IP 的合法性需要从知识产权法的角度进行考虑，具体来说，可以从以下几个方面来探讨。

（1）版权法与内容 IP 的合法性

任何未经合法授权的内容 IP 都可能涉嫌版权侵犯，导致法律风险和商业损失。因此，从版权法的角度来看，内容 IP 的合法性是影响其商业化运作和市场营销的关键。

根据《中华人民共和国著作权法》的规定，著作权人享有对作品的复制、发行、出租、展览、演出、广播、摄制、改编等权利。其他人使用著作权作品必须经著作权人同意，并支付相应的使用费用。在内容 IP 的创作和运营过程中，版权所有人需要审慎授权，以确保内容 IP 的合法性。

此外，随着网络技术的发展，盗版和侵权问题日益严重。盗版网站、盗印图书、盗加密视频等情况层出不穷。这些盗版行为给内容 IP 的传播和商业化运营带来严重的威胁。为此，国家相关部门出台了一系列措施加强版权保护。例如加强网络版权监管、打击盗版行为、倡导使用合法渠道获取内容等。在内容 IP 的商业化运作中，唯有坚守版权合法化的原则，才能保证内容 IP 在市场营销上的合法性和稳定性。

除此之外，版权法也应该平衡原著作者、版权所有人和使用者之间的利益关系，为建立一个良好的内容 IP 生态系统创造必要的条件。在版权法中，合理使用原著作品不需要著作权人的授权，包括个人自用、教育研究、新闻报道、公共利益、信息网络传播等范畴。这类合理使用不仅不构成侵权，还可以帮助内容 IP 扩大影响和传播范围。同时，版权法也鼓励原创，保护作品的独特性和权威性。这在内容 IP 市场中非常重要，可以为内容 IP 营销树立更良好的品牌形象，并吸引更多的消费者。

总之，内容 IP 的合法性是建立一个稳定、良好的内容 IP 市场生态系统的基础。坚守合法原则，保护原创作者的权利，是内容 IP 实现商业化运作和市场营销的不可或缺的保障。为了保障内容 IP 的合法性，著作权所有人应该严格授权，使用者应该尊重版权，依法合理使用。政府部门也应该积极出台措施，加强版权保护和打击盗版行为，创造出一个公正、公开、互信的内容 IP 市场环境，为内容 IP 的良性发展提供支持。

（2）合规运营与内容 IP 的合法性

内容 IP 的合法性还要求内容 IP 产业链上的企业和个人，在开展运营过程中必须遵守各种相关法律法规和市场规范。在内容 IP 产业链上，运营企业如制作公司、平台方、代理商等，需要遵守多项合规要求。例如依法纳税，合法批准版权使用，合理控制版权许可等。这些都是法律法规的基本要求，合规运营的目的就是规避各种法律风险，确保企业的持续发展和用户的合法权益。除此之外，还需要对用户收集的个人信息进行合规处理，遵守相关法律法规，保护用户个人隐私和相关权益。

另外，内容 IP 的合法性也需要避免搭售和欺骗消费者行为。要根据市场需求合理定价，提供优质的内容和服务，合理设定购买条件，保护消费者的合法权益。在合规运营的过程中，企业需要建立严格的内部管理制度，确保内部管理秩序和业务流程透明有效。同时，还应该加强员工教育和宣传，提高员工法律意识，促进整个产业链的健康发展。

总之，合规运营是保障内容 IP 合法性和商业价值的重要条件。内容 IP 创造和运营过程中，要坚持依法合规，保护知识产权和消费者的合法权益。在运营过程中，企业应该加强法律法规和行业规范意识，建立合规运营的制度和流程，确保业务活动的合法性和规范性。要为整个产业链的健康发展打造一个合法合规的良性生态系统，让内容 IP 得以持续创造价值，推动整个数字娱乐产业的持续发展。

随着互联网时代的到来，内容 IP 领域逐渐成为了一个充满竞争与机遇的领域。然而，关于内容 IP 的伦理性问题，我们更需要对其进行更深入的思考。下面将从小众文化的崛起、文化多元性的保护、不当内容的舆论影响等方面，探讨内容 IP 的伦理性问题。

①小众文化的崛起与内容 IP 的伦理性

随着互联网的发展，小众文化正逐渐崛起并受到用户的广泛关注。小众文化是指相对于主流文化而言，仅仅受到少数人喜爱和追捧的文化。它的体现形式非常多样，包括音乐、电影、动漫、博客、游戏、社交媒体等。这些小众文化形式在内容 IP 创作和投资过程中起到了重要的推动作用。

在小众文化中，内容 IP 可以以传统或现代的形式呈现，例如传统文艺表演和舞蹈、摇滚乐、游戏视频、博客等。这些文化形态不仅具有鲜明的地域特色和个性特点，也有着开放的心态和审美标准。可以说，小众文化通过互联网的传播，在大众和其自身之间，架起了一座桥梁。

在这一背景下，内容 IP 提供商不仅需要在创作和制作方面注重创新和多元性，更需要积极贯彻伦理观和社会责任，合理选题、慎重创作、严谨把关，在向消费者提供娱乐产品时，不断提升文化水平，用文化推动社会进步。这也便意味着，内容 IP 提供商不仅要关注用户的质量需求，还要注重数字娱乐产业的规范化和合法化。

总而言之，小众文化的提升为数字娱乐产业提供了新的发展方向。内容 IP 提供商应该注重小众文化的价值、社会责任和文化继承，更需要在伦理层面上贯彻准则，选取健康向上的内容，提升自身素质，做到文化多元性和社会健康性的基本均衡。只有这样，才能够在数字娱乐产业中推动良性竞争，对产业的生态环境作出更积极的贡献。

②文化多元性保护与内容 IP 的伦理性

作为一个拥有悠久历史和多元文化的国家，中国拥有着丰富的文化资源。保护和传承这些资源不仅是每个文化企业的社会责任，也是社会大众的共同使命。在数字娱乐产业中，如何保持文化多元性的特点，以及采用什么样的方法来保护和挖掘文化遗产，成为数字娱乐产业需要考虑的问题。

内容 IP 产业是中国数字娱乐产业的重要组成部分。在这个领域里，企业可以通过内容 IP 的创作与传播，扮演更积极的文化保护和传承角色。例如，将艺术、文学等传统文化内容融入到 IP 中，通过丰富的娱乐体验向年轻一代介绍中华传统文化，并产生用现代手法再读先贤的精彩效应，更好地促成传统文化的传承发展。

同时，内容 IP 产业也需要承担起保护文化多元性的责任。在数字娱乐产业的发展过程中，要充分考虑到文化多元性的特点，不仅尊重和保护传统文化，也应支持和推广创新性的文化体验。文化多元性是一个国家、一个民族的精神财富，只有保护和巩固这种多元性，才能让中国文化更加丰富多彩。

总之，保护文化多元性和数字娱乐伦理不仅关乎产业发展的长远利益，更关乎中国文化的命运。要发挥内容 IP 在传承传统文化、弘扬中华精神，以及推广文化多元性方面的积极作用。在数字娱乐产业的各个环节中，企业应该坚持文化多元性的思路，推动数字娱乐产业的规范化和健康发展。

③不当内容的舆论影响与内容 IP 的伦理性

内容 IP 产业是现代数字娱乐产业的重要组成部分。随着互联网的普及，内容 IP 传播的范围越来越广，直接涉及亿万网民。在数字娱乐产业中，应该注重内容 IP 的伦理性，抵制不当内容的舆论影响。

不当内容可能会对社会造成极大的负面影响。引发社会不稳定因素。在此背景下，数字娱乐产业应该遵守法律法规和社会道德规范，制作和传播健康向上的内容，维护社会稳定和谐。

在内容 IP 的创作和投资中，要严格把关，不容许不适当内容的出现。这需要企业在制作过程中充分考虑伦理问题，注重社会责任和社会效益，进一步加强监管。同时，监管部门也应当严格执行监管职责，把握数字娱乐产业的伦理底线，维护公序良俗，保护青少年健康成长。

在制作和传播过程中，数字娱乐企业需要认识到不当内容的出现也会对社会造成负面影响。因此，在数字营销过程中，企业需要确保所传达的信息健康清晰，不利用不当内容作为营销工具牟取利益，更加重视企业社会责任。

数字娱乐产业在保持良好长远发展的同时，应该积极弘扬伦理精神，抵制不当内容的舆论影响。随着社会的发展，内容 IP 的伦理底线和标准也会不断变化，数字娱乐产业需要时刻关注和适应社会和市场变化，以创新的思维方式推动数字娱乐产业的发展。只有这样，数字娱乐产业才能得到更加长远的发展，并在文化传承、推动社会进步方面作出更积极的贡献。

内容 IP 作为一个富有创意和追求价值内涵的文化产品，在思考其商业价值的同时，也需要从伦理的角度去看待其社会价值。企业在开发内容 IP 之时，需要坚持市场经济范畴内的利益原则，注重产品品质的伦理性，注重文化产品的道德性，严把小众内容、不良内容等的审查关卡，从而打造更负责任的文化企业，为文化的发展和繁荣作出积极的贡献。

综上所述，内容 IP 的合法性和伦理性问题是内容产业发展过程中不可忽视的重要内容。我们应该加强知识产权保护和法律监管，以保护原创内容的权益，严格打击市场盗版和其他侵权行为。同时，也需要注重内容的道德伦理，提高制作者的社会责任感。只有这样，我们才能在合法的轨道上探索内容 IP 的创新发展途径，最大限度提升内容 IP 的创新能力和市场竞争力。

1.3.3 内容 IP 的机遇和发展趋势

内容 IP 是内容产业发展的重要方向之一，随着全球数字化的推进和移动互联网的普及，内容 IP 行业拥有着广阔的市场空间和无限的发展潜力。在内容 IP 的发展过程中，内容 IP 随着技术的不断创新和市场需求的不断变化，不断面临新的机遇。下面将从多个方面探讨内容 IP 的机遇和发展趋势。

市场规模不断扩大。内容 IP 产业是数字娱乐产业中最具潜力的领域之一。随着移动互联网和数字技术的发展，内容 IP 相关产品的市场规模正在以前所未有的速度不断扩大。内容 IP 产业不仅有庞大的线上市场，也有不断蓬勃发展的线下市场。伴随着移动互联网用户的技术水平不断提高以及消费的多元化，内容 IP 将会在移动设备和数字硬件等领域展开更加多元化的赋能，并不断拓展其市场规模。未来，随着数字技术和消费模式的不断发展，内容 IP 市场规模还将进一步扩大。移动互联网用户数量不断增长，技术水平不断提高。随着人们对数字娱乐的需求不断扩大，数字娱乐产业的市场规模也呈现出爆发式增长。内容 IP 产业借助移动互联网快速增长，成为了数字娱乐产业的重要领域之一。特别是在年轻人中，内容 IP 相关产品的销售量呈现不断增加的趋势。消费方式不断变化，内容 IP 市场规模增长。在数字技术的快速发展下，消费方式也在不断变化。消费者越来越注重个性化、多元化的体验，尤其是年轻一代消费群体。例如，基于数字技术的 AR/VR 技术、数字硬件，正在吸引越来越多的消费者参与其中。这为内容 IP 产业提供了更多的机遇。在市场需求和技术支持的推动下，未来的内容 IP 产业将会呈现出更加多元化的趋势。随着移动互联网用户的需求逐步变化，内容 IP 产业将不断地拓展市场，从而促进数字娱乐产业的长期发展和创新。未来，内容 IP 产业将会在移动设备、数字硬件等领域展开更多元化的赋能，进一步推动内容 IP 市场的迅猛发展。对于数字娱乐产业而言，内容 IP 为其核心组成部分，同时它也是赋能数字娱乐产业不断前进的源泉。未来，随着技术的不断更新和消费者需求的变化，内容 IP 产业将会发生更多的变化，成为数字娱乐产业中更加重要、富有活力的领域之一。

技术不断更新，内容 IP 的形式不断多样化。随着科技的快速发展，内容 IP 的形式不断多样化。当前，AR、VR 等技术的出现，为内容 IP 提供了许多的技术支持，使得内容 IP 的形式更加灵活多样。除此之外，按照表现手法的不同，内容 IP 的形式也可以从动画、漫画、游戏、剧集等多种形式切入，满足不同消费者的需求。在内容 IP 产业中，技术是推动内容 IP 多样化发展的主要驱动力之一。未来，AR、VR 等技术将进一步改变内容 IP 的形式，使得内容 IP 形式更加多样化，更好满足不同年龄、兴趣、文化背景的消费群体需求。同时，除了技术的驱动，内容 IP 还可以在内容价值上，兼顾文化内涵和商业价值的平衡，通过社交媒体等工具去开拓和维护观众与用户群体间密切的联系与互动，从而丰富内容 IP 的文艺创作领域并扩展其创新边界。随着数字娱乐市场的发展和多重需求的出现，内容 IP 产业逐渐更加多样化。从动画、漫画、游戏、剧集等传统内容 IP 的形式，到 AR、VR 等结合新技术形式的产生，内容 IP 的形式正在获得更全面的发展。未来，内容 IP 还将结合现实场景，打造全新的体验方式，例如将虚拟现实技术应用于游戏场景、文化创意旅游等领域中，使得用户可以在虚拟场景中获得更好的体验感。内容 IP 产业的形式不断多样化，将为数字娱乐产业带来更多机遇和发展趋势。未来，内容 IP 产业还将与其他产业融合，涉足更多领域，在数字娱乐产业中成为一个核心领域。始终关注用户需求和市场变化，不断创新，才能让内容 IP 产业具备更广泛的市场前景。

随着数字娱乐产业的不断发展，内容 IP 的实施门槛也越来越低。越来越多的开发者、制作公司和营销将内容 IP 产业作为自己的主要业务方向。这些内容 IP 产业公司，将互联网作为一个自然流量的获取途径，并通过开放性的平台吸引用户群体，与终端用户建立连接，使得内容 IP 产业得到一定的发展。一方面，宽松的制度和环境，使得许多内容 IP 产业企业迅速发展。随着科技的更新和数字娱乐市场的发展，许多新的技术和平台不断涌现，大大降低了内容 IP 开发、制作和营销的门槛，为更多的创作者和创意方提供了更多的推广自己作品的机会，可以让开发者、制作公司和营销方快速地展示和推广自己的内容 IP 作品。这种开放性的互联网营销手段，既减少了制作方的成本，也加快了内容 IP 发展的步伐。另一方面，随着内容 IP 产业竞争的不断升级，制作方和创作者也需要思考更多的营销策略，在平台上吸引用户群体并与终端用户建立联系。只有这样，才能创造更多商业价值，并满足更多客户需求。同时，制作方需要充分挖掘自身的优势，注重形式多样化、内容丰富化和平台集聚化，如此方可更好推动内容 IP 产业发展。

版权保护意识不断增强。随着数字化时代的到来，内容 IP 产业对于文化创意产业发展的贡献愈发显著，随之而来的竞争也越来越激烈。版权保护不仅关乎创作者的合法权益，同时也关乎产业的生命力和持续发展。在这个背景下，版权保护意识的不断增强是内容 IP 的机遇和发展趋势之一。一方面，随着社会的进步和发展，人们对于知识产权的认知逐渐深入。政府对知识产权保护力度的加强，不仅是为了保护创作者的合法权益，更是表明了社会对知识产权保护的重视。与此同时，人们的知识产权保护意识也在不断增强。越来越多的人开始重视自己的原创作品，并通过相关法律手段进行合法维权，维护自身的利益。另一方面，随着社会对于版权保护意识的普及和加深，相关法律法规也得到进一步完善和健全。在一些重大侵权案件中，法律机构也给予了侵权方严厉的惩罚，以此震慑侵犯知识产权的行为。这种法律威慑力既维护了内容 IP 创作者的权益，也利于产业环境的整体改善。在法律保护和社会意识的共同作用下，内容 IP 的版权保护将受到更严密的保护。随之而来的是，产业链各个环节对于知识产权合法性的关注和重视也将加强。制作方不仅要注重创作和品质的提高，还要考虑如何更好地维护自己的知识产权。而广告、营销等部门也应该加大版权保护意识的宣传和推广力度。综合来看，内容 IP 作为创意经济的核心之一，将会成为未来经济发展的新增长点。未来随着版权保护的逐渐完善，相关产业和市场也会发生变化，产业链的各个环节都会逐渐规范化，内容 IP 产业也必将会受到更加严密的监管。

市场竞争不断加剧。随着数字化时代的到来，内容 IP 产业的快速发展和壮大在一定程度上推动了文化创意产业的发展。在发展过程中，内容 IP 产业面临着越来越激烈的市场竞争。而在这个背景下，市场竞争不断加剧也为内容 IP 产业带来了新的机遇和发展趋势。一方面，市场竞争的加剧促使内容 IP 产业加速整合资源和优化生产环节，以提高生产效率和产品品质。通过整合资源、创新产业链，提升生产力水平和工艺品质，可以降低生产成本、提高产品竞争力，进而抢占市场份额。此外，在竞争不断加剧的市场环境下，内容 IP 产业创作者要更加注重创意创新和品质保障，不断推陈出新、不断突破，提高自身的核心竞争力。另一方面，市场竞争的加剧也为内容 IP 产业带来了更多的合作和发展机遇。合作是产业链各个环节之间实现共赢的推进方式，可以为内容 IP 产业提供生产创意、技术提升、营销推广等方面的支持和帮助。不仅可以减少各方面的生产成本，更可以整合资源，共同开发新的市场和业务模式，提高产品的价值和市场能力。随着市场竞争的不断加剧，产业链伙伴之间的合作也将得到加强。综上所述，市场竞争不断加剧是内容 IP 产业的机遇和发展趋势之一。通过资源的整合、优化生产环节、加强产品品质、数字化创新等手段来提高自身的核心竞争力，是内容 IP 产业在竞争激烈的市场环境中获得发展的保证。而建立合作伙伴关系，共同开发新的市场和业务模式，也是内容 IP 产业通过合作实现互利互赢、推进共同发展的新途径。

用户需求多元化。随着数字化时代的到来，内容 IP 产业快速发展，为文化创意产业的发展带来了新的机遇和发展趋势——其中之一就是用户需求多元化。内容 IP 产业的机遇和发展趋势必须满足多元化用户需求，才能获得用户青睐，赢得市场份额。首先，用户需求多元化促使内容 IP 产业不断推陈出新，创新多元化的内容 IP。用户对于内容 IP 的需求不再是单一的主题，而是更注重体验、情感和时代背景主题的全面呈现。内容 IP 产业应当定期对市场和用户进行数据分析，了解其对于主题、类型和题材的需求。同时，内容 IP 产业应及时跟进国际潮流并进行相关创意修改和加工，推出与时俱进的内容 IP，推动产业与时俱进的发展。其次，用户需求多元化也可以促进内容 IP 产业升级换代，加强内容 IP 的交互性和个性化。用户是内容 IP 产业的主要消费者，在内容 IP 产业的发展过程中，必须考虑用户体验、用户个性化和用户互动的问题。内容 IP 产业也应积极采用新技术，如虚拟或增强现实技术、智能推荐系统等，为用户生成个性化的内容 IP，进一步提高用户的使用率和用户的黏性。同时，内容 IP 产业也能够以多元化的用户需求为契机，进一步升级推广市场营销方式，促进品牌的全方位传播。传统的广告宣传方式更多的是基于社区和平台的投放，而目前的内容 IP 产业在社交媒体传播和营销上也越来越有所突破和进步。

用户需求多元化是内容 IP 产业的机遇与发展趋势之一。内容 IP 产业需要对多样化需求有所发掘和应对，并不断提高自身新技术应用的水平，从而推出更加贴合用户需求的内容 IP，从而赢得更多用户和市场份额。这不仅需要内容 IP 创作者有远见与计划，同时也需要产业链中各企业的广泛合作和支持。如此，内容 IP 产业将从中创造更大的价值，推动文化创意产业的整体发展。

线上线下融合发展。随着数字化时代的到来，内容 IP 产业正在不断拓展线上渠道，同时也在探索更加多样化的线下营销手段。在这个背景下，线上线下融合发展成为内容 IP 产业的一大机遇和发展趋势。线上平台的发展为内容 IP 产业提供了大量的资源储备和获取渠道。作为内容 IP 的主要承载平台，线上可以不受时间和空间的限制，以更快的速度和更低的成本传播内容 IP，提高品牌知名度和受众认知度，有利于为内容 IP 的推广和营销提供强有力的支持，内容 IP 创作者可以依托数字技术来与受众建立更为直接和精准的联系。另一方面，在内容 IP 产业中，线下营销仍然占据了一定的地位。线下体验场馆、主题乐园、手办展会等也成为内容 IP 的一种重要营销方式，将内容 IP 从虚拟到实际的转化展示给消费者。通过组织线下活动，消费者能够更好地感受到内容 IP 的魅力和价值，从而加深对其的印象和好感。在线下场所中，不仅可以提供现实体验，还可以帮助内容 IP 寻找新的受众，丰富内容 IP 的营销渠道,增强受众与品牌的情感连接。线上和线下的融合能够更加有效地吸引消费者的关注,提升内容 IP 的交互性和体验感受。线上线下融合发展成为了内容 IP 产业的新机遇和趋势。通过线上线下融合,内容 IP 产业可以更好地与受众互动,为受众创造出更高水平、更好的消费体验。总之,在内容 IP 产业中,线上线下融合发展将会成为未来发展的重要趋势。内容 IP 产业将紧密结合线上渠道和线下营销,为消费者带来更好的互动体验和感受。随着时间的推移和技术的创新升级,线上线下融合将会成为内容 IP 产业发展过程中不可分割的一部分,实现双方的有机结合和优势互补,为内容 IP 产业的发展提供源源不断的能量。

跨媒体的改编与衍生。内容 IP 的跨媒体改编与衍生是内容 IP 产业发展的一个重要趋势。首先,跨媒体改编可以帮助内容 IP 产业进行创新和质量提高。不同的媒体形式都有其独特的表现形式和创作方式,通过跨媒体改编,内容 IP 可以将原有作品的灵魂和基础表现形式,与新媒体的发展和特点相结合,形成全新的内容呈现,提高内容的质量和可操作性。跨媒体改编还可以激发作者和创作团队的创造力,进一步推进内容 IP 的不断创新与更新。其次,跨媒体衍生可以为内容 IP 产业的商业化运营和价值变现提供新的角度和途径。通过跨媒体衍生,可以将内容 IP 呈现在不同的场合和媒介中,拓展内容 IP 市场,同时更充分地挖掘其商业潜力。跨媒体衍生的商品数量和种类非常丰富,比如可以推出周边商品、游戏、原声音乐等一系列附加价值的产品,构建自己的 IP 商业生态链。最后,内容 IP 跨媒体改编与衍生的发展可以帮助内容 IP 产业打破媒体间的壁垒,实现多重形态的协同发展。通过不同媒体之间的融合,内容 IP 可以更广泛地传播和深化,为广大用户提供更好的体验和服务。例如,制作一部电视剧的同时,再以各种场合为前提，将电视剧改编成系列小说、漫画、游戏等其他媒体形式，有助于扩大 IP 的传播范围和影响力，增强用户对内容 IP 的认同和黏性。因此，跨媒体的改编和衍生将很可能成为内容 IP 产业未来发展的重要方向。通过不同媒体的衍生和完美融合，内容 IP 产业有机会实现多样化发展和解锁更多商业价值。随着数字媒体技术的不断进步和创新发展，跨媒体改编和衍生的形式也将越来越多样化，为内容 IP 的未来发展提供了广阔的空间和无限的可能。

　　智能硬件的发展为内容 IP 产业带来了全新的机遇和发展趋势。智能硬件是指搭载处理器、存储器以及操作系统和网络接口等功能模块的设备，通过各种传感器和设备之间的交互，为用户提供更加智能和便捷的服务和体验。随着智能硬件技术的发展和普及，其在内容 IP 上的应用也越来越广泛。首先，智能硬件的融入为内容 IP 的创意和开发带来了全新的思路和可能性。智能硬件可以为内容 IP 增加更加丰富的互动体验和可玩性，从而增加消费者选择内容 IP 的可能性。例如，智能手环可以搭载内容 IP 游戏，智能硬件为内容 IP 提供了一种更为直观、实用、个性化的体验方式，更好地支撑了内容 IP 的应用。其次，智能硬件的融合也为内容 IP 产业的商业变现提供了更多的思路和渠道。智能硬件不同于传统的电子产品，智能硬件拥有多元化的内容变现方式，可以为内容 IP 提供更加可靠和稳定的商业运作渠道。例如，将内容 IP 应用到智能家居设备上，可以满足用户更为个性化的需求，一方面可以提供增值服务，实现对内容的付费变现；另一方面也可以提升智能产品的用户满意度和口碑，实现双重商业价值。最后，智能硬件的融入影响了内容 IP 产业的生命周期和商业模式。智能硬件可以实现内容 IP 产业的数字化、电商化、智能化，可以在内容生产、发现、变现和用户服务中发挥重要作用。这种变化同时还会带来内容授权和版权等相关问题的改变与升级。

智能硬件和内容 IP 的融合为智能硬件和内容 IP 作者之间的合作和利益分配提供了新的思路和解决方法，这将会促进整个 IP 产业的健康和可持续发展。综上所述，智能硬件的发展为内容 IP 产业的发展带来了全新的机遇和发展趋势。两者的融合有助于提高消费者的体验感，增强了内容 IP 的社交传播性和广泛性；改变了内容 IP 传播、变现和利益分配模式，为内容 IP 产业的健康发展提供了新思路。

总之，内容 IP 的发展前景十分广阔，未来的发展趋势包括多元化内容形式、技术不断创新、内容创作和营销门槛不断降低、版权保护意识普及和竞争加剧等。未来，内容 IP 还将更广泛地与数字技术、智能硬件、社交媒体等领域融合，并在电视、电影等传统产业中发挥越来越大的作用，成为娱乐媒体产业格局中的重要一环。因此，内容 IP 企业需要在研发、制作、营销方面不断加强自身能力，积极适应市场需求，同时也要注重传统文化的传承，积极利用传统文化开发优质内容。此外，内容 IP 企业也需要注意创新和内容创作的质量，在创作中不断探索和尝试，加强内容策划和制作，提高品质，同时增加与用户的互动，积极参与社会公益活动，从而赢得用户和市场的信任。

对于资本市场而言，内容 IP 的发展需要大量的资金支持。市场竞争加剧的同时，内容 IP 企业需要注重整合资源，调动市场协作，将更多的资源、政策等有机融合，以实现产业互联与跨界融合，加快推进文化创意产业的发展。同时，国家对于文化产业的支持力度也有望不断加大，为内容 IP 企业提供了更加良好的发展环境和政策支持。

尽管内容 IP 产业处于高速发展阶段，但仍存在一些不确定性和挑战。随着技术的进步，消费者对内容 IP 的品质、用户体验、版权等问题的重视程度将越来越高，内容 IP 企业需要更加重视品质控制，加强法律运营与服务，注重社会责任，创造出更多优秀的文化产品，推动文化产业的创新和发展。

第二章 价值导向的内容 IP 打造要素

2.1 内容 IP 的人物和情节创作

2.1.1 内容 IP 的角色设计和表现

在内容 IP 的创作中，角色设计是至关重要的环节。好的角色设计不仅可以让内容更加突出、生动地传递主题，还可以让受众更加真实地感受到角色所承载的情感。同时，角色的表现方式也是传递价值观念的主要途径，通过角色的动态演绎和行为选择，可以让受众感受到人物内心的情感和价值取向，从而被内容 IP 感染、启迪。可以说，内容 IP 的角色设计和表现是成功打造内容 IP 价值导向的关键要素之一。

在内容 IP 的创作中，好的角色设计可以大大增强内容的吸引力和表现力，也能更好地传达主题和价值观。例如，某 3D 动画电影中，主角遭遇了各种挫折和打击。但她勇于挑战自我，跨越障碍，最终不仅顺利完成了任务，还成就了整个城市的改变。这种英勇、勇敢、拼搏的精神弘扬了正能量，寓意了在追求梦想的过程中，每个人都可以成为自己的英雄。

对于内容 IP 的角色设计，首先需要考虑的是人物角色的个性特点。一个好的角色必须有自己独有的性格、人生经历、内心矛盾，等等，从而能够更好地为整个故事提供情节支撑。同时，角色的个性特点还需要与社会价值观进行紧密的结合，为消费者提供更深层次的情感共鸣。对于内容 IP 的角色设计，如像很多影视剧的主要人物，基本都有独特的性格、特点和不同的经历，并且其人生经历贯穿整个故事的情节线，他们的人物性格和经历使得整个故事更加丰富、有深度。

其次，在内容 IP 的角色表现上，制作人员需要注意角色的情感共鸣。好的角色应该是容易被消费者接受、喜爱和关注的。因此，内容 IP 制作人员应当注重角色的情感诉求，为消费者提供更深层次的情感共鸣和情感感染力。如很多影视剧角色在表现上刻画得极为精准，他们的行为举止、情感、矛盾、性格等方面灵动且丰富，在消费者心中留下了深刻的印象。

另外，角色形象的准确塑造也是内容 IP 成功的关键之一。通过对人物形象的设计，可以为内容 IP 创造独有的氛围和形象特色。现代内容 IP 中，角色形象不仅仅是一个人物的形象符号，还承担着更多的社会意义和文化意义，是良好的品牌价值塑造者，也是重要的文化符号。这些形象有着独特的形象符号，成为了具有吸引力和感染力的文化符号。

综上所述，好的内容 IP 角色应具有独特的个性，与社会价值观进行紧密的结合，同时要有情感诉求。制作人员也需要注意人物形象的塑造，通过精准的人物形象塑造，为内容 IP 打造出独特的氛围和形象特色，打造出更优秀的内容 IP 作品。

2.1.2 内容 IP 的情节策划和构思

当谈到内容 IP 的打造与短视频制作的创新方式时，人物和情节创作是关键的要素之一。在内容 IP 制作中，情节是一个不可或缺的部分，一个好的情节能够引发消费者的共鸣，增强内容 IP 的影响力和生命力。因此，精心策划和构思情节非常重要，下面让我们深入探究内容 IP 的情节策划和构思。

首先，情节构思需要与目标群体相匹配。在创作情节前，必须明确自身的受众，掌握受众的需求，了解他们的喜好和价值观念。这样才能更好地创作出符合观众口味的内容 IP，满足观众的需求。在针对特定的年龄群体等进行情节构思时，必须了解该群体的文化背景、阅读习惯、消费水平等诸多因素，以此作为构思的一个参考点。例如，面向年轻观众设计情节时，可以采用更轻松和活泼的风格，通过有趣的故事情节、视觉效果等来吸引注意力。而针对更为成熟稳重的受众，情节的构思需要更为深入、复杂，更关注剧情和角色的塑造等。

其次，情节构思的目的是提高观众的参与度和黏性。好的内容 IP 不仅可以吸引观众的注意力，更重要的是让观众深入参与其中，培养观众对内容的亲近感以及喜爱度，从而增加观众的参与度和黏性。

最后，情节构思考虑受众需求能够提高内容 IP 的传播和推广效果。只有制作出符合受众需求和喜好的内容 IP，才可以更好地满足受众的期望和需求。从而打造一个更加受欢迎的内容 IP，进而在传统渠道或新媒体平台中进行推广和传播，这样可以扩大内容 IP 的影响范围，提高内容 IP 的传播和推广效果。此外，推广范围的扩大也会带来更多的收益和商业价值。

主线和分支线的设计。情节需要明确主线和分支线。确定好主线后，可以针对主线进行分支线的构思，使情节更加丰富多彩，同时也能给观众留下更加深刻的印象。内容 IP 的情节策划和构思中，主线和分支线的设计是非常重要的环节。主线的设计是故事情节的核心，而分支线则是在主线基础上进行更深入、更全面、更细致的呈现，从而丰富整个故事情节的内容和体验。首先，主线的设计需要明确故事的核心主题和要素。主线是故事情节的引线，也是故事最基本的框架。主线应当具有引人入胜的特点，能够通过故事情节的表达，展现出主线所需要传达的主题和价值观念。同时，主线与分支线之间也要相互匹配，形成一个整体的故事框架。其次，分支线的设计应当贯穿整个故事情节，丰富主要情节之外的内容，增加观众的娱乐感和体验感。分支线应当有着清晰的表现形式和独立的情节，同时也要能够自然而然地与主线相衔接，从而增加整个故事的连贯性和主题性。它们可以由其他人物、事件、故事等组成，但是需要注意不能让分支线过于复杂和混乱，否则会让观众感到困惑和疲惫。此外，在分支线的设计中需要考虑观众的阅读和理解习惯。分支线的构思应该贴合受众的娱乐口味和价值观念，通过了解主要观众群体的需求和心理，考虑不同的文化背景，创作不同的情节内容，从而吸引观众的目光。最后，主线和分支线之间的连接应该自然流畅，以此保持整个故事情节的连贯性。主线和分支线的设计是内容 IP 情节策划和构思中不可或缺的环节。主线的设计应当明确故事的核心主题和要素，而分支线应当贯穿整个故事情节，丰富主要情节之外的内容。在设计分支线时需要考虑观众的阅读和理解习惯，创造出既引人注意又容易被理解的情节。同时，需要保证主线和分支线之间的切换自然流畅，以此保证整个故事情节的连贯性。

内容的层次和深度。情节构思也需要注重内容的层次和深度，让内容 IP

更具有思想性和内涵性。内容的层次和深度可以通过情节的切入点、情节的刻画和情节的总体效果三个方面体现出来。首先,故事情节的切入点是故事情节的灵魂,情节的切入点应当是引人入胜的,不仅可以让观众迅速进入故事的情景中来,并且还可以使观众产生兴趣和好奇心,从而进一步探索故事情节。同时,切入点还应该与故事主题密切相关。在确定故事切入点之前,需要对故事主题进行细致的分析和研究,找到一个最能代表主题的切入点,从而达到更好的引导和表现作用。一个好的情节切入点可以让整个故事情节更具吸引力和影响力,切实地吸引观众的注意力和激发观众的情感。其次,情节的刻画需要准确把握人物性格、情感和行事风格等方面的特点,创造出让观众产生共鸣和代入感的角色形象。一个好的人物形象可以让情节更加生动深刻,令观众产生共情和代入感。在情节构思中,需要充分挖掘角色的个性,通过人物的言行和心理描写,让观众产生共鸣和感情投入。最后,情节的总体效果需要让观众得出有意义、有一定深度的结论,让观众在情节之余更深层次地思考和探究人生和社会等主题。情节发展的目的并不在于简单的娱乐和消遣,更重要的是能够让观众得到启示。在情节构思中,需要全面思考及分析内容 IP 的主题和思想内涵,确定最终目标,以此为导向进行情节创作和编排。

节奏感和张力的把握。在情节构思中,也需要注重节奏感和张力的把握。可以通过恰当的描写手法和节奏把握,让情节更加生动有趣,吸引观众的注意力,同时良好的节奏把握也有助于情节的紧凑性和张力的体现。在情节的设计中,可以采用各种手段来塑造节奏感和张力。首先,可以通过恰当的描写手法和节奏把握来体现情节的节奏感和张力。比如,在故事情节的高潮部分,可以采用快速切换、短暂的静态镜头以及音乐效果等,来营造出紧张压抑的氛围。而在故事的缓慢推进部分，则可以采用滑稽的呈现形式，通过搞笑、幽默或微小的事件来保持故事的节奏感和张力。这些手法旨在吸引观众的兴趣和注意力，从而使他们更容易被故事所吸引。其次，背景音乐的选取也是非常重要的因素。背景音乐可以帮助营造出故事情节的气氛，并对观众产生一种心理暗示。比如在恐怖类型的内容 IP 中，可以采用有悬念的音乐或急促的音效来增加整个故事情节的紧张感。然而，在配乐的选择中，也需要考虑到人物的情绪状态和故事情节的发展，以产生最合适的效果。再者，细节的描写也是体现节奏感和张力的重要手法。通过精细的描写手法来塑造故事的氛围感和视觉感受，从而让观众更加容易地深入参与故事的情节中。当细节的描写和情节的发展相互配合时，这种描写手法就非常有效。最后，要注意在把握节奏感和张力的同时，需要保证故事的逻辑性和完整性。故事的节奏和张力是紧密联系在一起的，但却不能过于突兀，需要有合理的前奏和承接，同时也要确保情节走向的合理性，保证情节的逻辑性和完整性。因此，在构思过程中需要平衡情节节奏与逻辑之间的关系，以确保情节的连贯性和故事的整体性。

结合时下热点话题。在情节构思的过程中，结合时下热点话题也是一种有效的策略。适时地探讨时下热门话题，既能增加 IP 的话题性和传播性，又能延伸情节的深度和思考层次。针对当下话题进行情节设计，不仅可以吸引观众的眼球，也可以增加故事的深度。下面将从以下几个方面来探讨如何将时下热门话题融入到情节设计中。首先，选择热门话题需要符合受众的需求和关注。首先，要了解受众的年龄、性别、文化背景等，从中挖掘可以引起共鸣的话题。结合受众是否关注时下热门话题，选择受众能够正面反应的话题。比如，在设计情节时，可以选择把流行文化、社会现象或者全球性事件作为营销宣传的重点，通过对当前话题的热议和讨论，吸引更多的受众。其次，情节设计应该符合时代背景，能够与当下热门话题紧密结合起来。不同的话题背景适合不同的角色和故事情节。通过对当下热门话题的深入了解，选择与其相关的故事题材来设计情节，例如"互联网+"、"环保"等话题，可以为故事情节增加更多的深度与思考点。最后，在情节设计时，需要注意主题合法化。当前的热门话题会涉及一些敏感的社会事件或突出问题，如果没有合适的处理方式就会影响到内容 IP 的传播效果。因此，在构思情节时，需要注意话题的转化方式和处理方法，避免出现情节过于话题化、负面化或违法违规的情况。同时也可以通过提出解决方案、讲述正能量内容等形式引导观众积极思考。

情节构思是内容 IP 制作中至关重要的一环。通过针对目标受众的构思、主线和分支线的设计、内涵和思想深度的挖掘、节奏感和张力的把握以及结合时下热点话题的策略等方面进行精心策划和构思，可以创造更加优秀的内容 IP，增强内容的影响力和生命力。然而，随着受众需求的变化，情节构思也需要不断创新和发展。因此，相关创作人员需要结合当下时代背景和社会热点，以确保内容 IP 产业的创新发展。

2.1.3 内容 IP 的价值观和审美导向

价值观是内容 IP 中非常重要的要素。价值观是描述人们通常对自我价值观念和当下社会环境、人际关系等一系列事物的认同性态度。一个优秀的内容 IP 不仅要有感染力，同时也要传达积极的价值观念。同时，价值观也是内容 IP 的核心理念和存在价值。因此，内容 IP 的创作不仅要考虑商业价值，同时更加注重内容的价值观和审美导向。一个优秀的内容 IP 需要具备有深度的思想内涵和良好的审美风格。在人物和情节创作中，也需要注重价值观和审美导向的体现，建立具有品牌特色的内容 IP。

一个出色的内容 IP 不仅要能够吸引大家的注意，同样能够传达积极向上的价值观念。价值观是内容 IP 的重要组成部分之一，基本上每个内容 IP 都不会是纯粹的表面文章。因此，创作者需要深入地探索前人的理论和前车之鉴，结合自己的观念创造出符合社会主义核心价值观的内容 IP。在进行内容 IP 的创建过程中，不仅要考虑到观众的真实需求和喜好，同样要注重将内容 IP 的新观念体现出来。

内容 IP 的成功离不开价值观和审美导向的有机融合。在审美观念具有一定差异的时代，如何获得符合大众认同度的审美导向，已成为内容 IP 打造过程中必须予以重视的问题之一。在内容 IP 的审美选择和实践中，应针对不同题材、场景需求，运用不同的元素和表现技巧，以满足观众的审美需求和获取视觉享受。同时，内容 IP 的风格选择也应注重品牌的特色、文化内涵和创意创新，将文化与情节融为一体，达到品牌独特魅力的塑造，以此突出品牌风格的独特性和优势。同时，还需要关注当今的审美变化和新媒体形式，利用新技术提高内容 IP 的视觉效果和对观众的吸引力。

创建一个具有独特魅力的内容 IP，需要注重内容 IP 品牌的文化内涵和尝试创新。此外，在实现商业价值时，科学利用受众群体所追求的价值观与审美顺应需求，并从众多实现商业价值的内容 IP 中筛选出符合其自身价值观和审美导向的产品。综上所述，价值观和审美导向的实现在内容 IP 成功创造中发挥着至关重要的作用，它不仅关系到受众对内容 IP 的认同和接受，同时也为内容 IP 的品牌特色以及商业价值的实现奠定了基础，并为内容 IP 的发展提供了无限可能。因此，在 IP 创作、运营和推广中，需要以价值观和艺术审美为核心，从多个维度和角度引导和满足受众的需求，从而打造具有独特的情感体验和商业价值的内容 IP。

总体而言，内容 IP 的创作主旨应该是除了实现商业价值，同样也要带给观众积极的思想和文化价值。这种价值才是内容 IP 的灵魂所在。在具体的人物和情节创作中，价值观和审美导向是极为关键的构建因素，而它们的重要性已超越了营销或商业创造理念。无论是从艺术电影还是网络剧，每一种优秀的内容 IP 都应该具有一定的核心观念。一个好的内容 IP 不仅需要具有可以启迪大众，让大众得以深入思考的作用，还需要通过视觉享受给大众带来乐趣。

在内容 IP 的策划和创作中，积极向上和健康的价值观是必要的。大众对于内容 IP 的作品产生情感共鸣和深入思考，是建立在出色的人物创作和情节设计的基础上的，而这需要创作者在创作过程中付出巨大的努力。针对情节设计，创作者可以通过引人入胜的故事情节和对于人物故事的深刻描写，结合内容 IP 的主题，传达积极向上的价值观和思想。

同时，审美导向作为内容 IP 中另一个重要的要素，对于影视艺术风格的体现、观众感官体验、主题思想的映射和观众良性沉浸等方面都起着重要的作用。在深挖思想内涵的同时，在视觉体验方面应注重情感化。因此，在摄影、剪辑、画面设计等方面应让受众具备愉悦的审美体验，使观众更好地沉浸在故事中。

在内容 IP 的品牌形象塑造中，注重价值观和审美导向的体现也是非常关键的。在日益激烈的内容 IP 市场竞争中，创作者需要注重与众不同的品牌特色的打造。而这种特色包括文化内涵、审美风格、影响力等诸多方面。将价值观和审美导向与品牌特色融为一体，可以更好地提高内容 IP 的辨识度和营销效果。

综上所述，在内容 IP 的创造过程中，价值观与审美导向是非常重要的一环。它们不仅体现了创作者的思想深度，还象征着内容 IP 的艺术审美价值，是内容 IP 不可或缺的要素。因此，创作者在创作过程中需要将理论和实践相结合，通过深刻思考和精准定位，才能打造出极具艺术审美价值和思想深度的内容 IP 作品。

2.2 内容 IP 的市场调研和品牌定位

2.2.1 内容 IP 的目标受众和关键特征

在打造内容 IP 和进行短视频制作的过程中，针对目标受众的需求进行调研和分析是不可或缺的一环。只有了解受众的特征和需求，才能更好地进行创作和传播，提高作品的影响力和商业价值。接下来将围绕着内容 IP 的目标受众和关键特征进行探讨，为创作者提供指导和思路。

内容 IP 的目标受众主要是年轻人，他们的年龄大致在 18~35 岁之间。这个年轻群体对于影像的视觉效果和情感表达有较高的追求，希望影像作品能够更好地引导他们走进一个能够与创作者沟通的艺术世界，达到一种精神上的满足。除了这些艺术价值的追求，他们也对于作品所能够带给自己的文化内涵和人文价值更加关注。基于这样的特点和需求，在打造内容 IP 和短视频作品时，创作者必须注重情感表达。创作者应该通过合适的角色设定和情节安排，在受众与角色之间创造共情的机会，打造与受众情感共鸣的作品，让受众能够感受到作品所带来的情感触动。与此同时，在作品的创作中，创作者还应该注重挖掘作品的文化内涵和艺术价值，塑造作品的内核和深度，满足年轻观众对于文化内涵和艺术价值的需求。

随着时代的发展，内容 IP 已经成为了一种与受众产生情感共鸣、传递社会价值的载体，由此推动了相关行业的进一步发展。在内容 IP 的制作过程中，制作人员需要注重目标受众的特征和需求，创造出更具有吸引力和文化价值的作品。本书将从更加深入和具体的角度，对内容 IP 的目标受众和关键特征进行探讨。

一般而言，内容 IP 的目标受众具有较强的社交属性和分享需求。首先，他们不仅是内容 IP 的受众，也是传播者和推广者。因此，在创作内容 IP 时，需要考虑针对受众特点进行社交化营销和传播，形成更好的传播效果。在内容 IP 的创作过程中，需要增加受众线上参与的机会，让他们更加积极地参与到内容 IP 的创作、分享和传播之中。只有这样，才能够更好地满足年轻观众对于社交和分享的需求，形成更好的口碑效应。因此，在筛选目标受众时，还应该注意到他们的地域分布和消费行为习惯等特征。

其次，内容 IP 的目标受众具有较强的消费能力和消费意愿，往往是潜在的消费用户。年轻观众通常倾向于花费更多金钱来体验更优质的内容，尤其是对于他们感兴趣的领域和主题。因此，在内容 IP 和短视频的创作过程中，需要注重作品本身的质量和内容，打造有吸引力的商品。只有让受众感到作品的价值，才能够刺激他们的消费意愿，形成更加健康的商业模式。同时，创作者还应当注重挖掘与受众相关的消费行为习惯和支付习惯等特征，为受众提供更加便捷的消费体验，从而增强作品的影响力和商业价值。

内容 IP 目标受众的文化诉求。在现代社会，越来越多的年轻人渴望在欣赏内容 IP 作品时，能够感受到文化内涵和人文价值。因此，目标受众需要的是质量更高、更有深度的作品，能够满足他们在人文和文化内涵方面的追求。内容 IP 创作者需要注重作品的文化价值，挖掘出作品的深层内核，通过作品来传递更多的文化信息以及可以反映社会价值观的因素。只有这样，作品才能够促进社会的发展和进步，影响更多年轻人的思想和认知。

除此之外，由于全球范围内互联网和社交网络的快速发展，内容 IP 的受众已经越来越广泛和多元化。目标受众的地域分布也成为内容 IP 创作过程中需要重点关注的问题。不同地区受众的文化背景、生活方式和审美偏好均具有差异。因此，要制作出让目标受众满意的内容 IP 作品，需要对目标受众具有充分的了解，包括他们的社交属性、分享需求、消费能力和消费意愿等特征，以及他们的地域分布和消费行为习惯等方面，为他们量身打造更加符合他们口味的作品，从而更好地引导目标受众分享、传播内容 IP 作品，形成更加健康的商业模式。同时，这也是实现作品本身文化传播和商业价值最重要的保证之一。

除了以上提到的一些共性需求和特征，每个内容 IP 的受众可能还有着各自独特的特征和需求。为了更好地满足不同受众的需求，我们可以通过各种渠道搜集和分析数据，以更好地了解受众的喜好和行为习惯，从而针对不同需求受众制作更精准、更有针对性的内容 IP 作品。

综上所述，了解内容 IP 目标受众的特征和需求，对于创作者来说是至关重要的一环。创作者只有深刻理解目标受众的特点和需求，才能产出更优质、更具有社交性和传播性的作品。创作者也应该注重提升作品的情境和情感效果，深入挖掘受众的心理需求，打造具有深度和格调的内容 IP，这样才能真正实现内容 IP 商业价值和社会价值的最大化，促进内容 IP 艺术的进一步创新和发展。在创作过程中，创作者应该注重提升作品的信息密度和内容丰度，增强受众的文化认同感和价值共鸣。

2.2.2 内容 IP 的品牌形象和价值主张

在内容 IP 的发展过程中，品牌形象和价值主张是非常关键的要素。一个内容 IP 的品牌形象和价值主张，包括了其所传递的核心价值、风格特点以及受众认知和认可等方面，能够直接影响到受众对该内容 IP 的认知和评价。如何搭建好内容 IP 品牌形象，是内容 IP 创作者必须要思考的重要问题。

首先，内容 IP 需要确立明确的品牌定位和核心价值。品牌定位是衡量品牌成功程度的关键标准，它以品牌所面向的消费人群为出发点，确定品牌在受众心目中所占据的独特地位。内容 IP 需要通过市场调查和受众分析来了解自己的目标受众，从而确定自己的品牌定位，并且进一步确认自己的核心价值。核心价值则是品牌在传播过程中所宣扬的最重要的信息，是建立品牌认知的核心元素。

其中，内容 IP 的品牌形象应该具备以下要素。

（1）传播力和表达力：内容 IP 的品牌形象对于品牌的宣传和推广非常重要。一个具有良好品牌形象的内容 IP 不仅可以提高产品和认可度，还能够带来更好的商业价值。良好品牌形象的建立需要具备传播力和表达力的双重要素。首先，传播力是指通过各种渠道传播品牌形象的能力。制作方应该根据自己的受众人群来制定相关的宣传策略，并通过专业营销、定向投放广告等方式来增强品牌形象在特定群体中的知名度。表达力是将品牌形象元素和特点进行展示和传递的过程，可以通过多种方式来实现，例如独特创意、绝佳视觉效果、独具特色的音乐等。内容 IP 所传达的品牌形象需要具备独特的个性，并通过精妙的表现方式来表达。这需要制作方充分考虑品牌特点，并将其融入到作品中。比如利用色彩、音乐和动画特效等表现手法，通过细节处理来突出品牌的特点，让观众更好地感受到品牌所代表的价值所在。同时也要确保作品的流畅性和连贯性，以增强表达的效果。

（2）启迪力与教育性：内容 IP 的品牌形象需要具有启迪力和教育性，以让观众深入了解品牌所代表的价值与理念。一个好的品牌形象不仅要有娱乐性，还要能够引起人们的内心共鸣和思考。因此，在设计作品的过程中，制作方需要把提高启迪力和教育性作为重要目标之一。首先，启迪力体现在内容 IP 作品的素材和内容中，以让受众吸收新知识和提高相关技能为目标。在制作情节和剧情时，制作方可以选择故事、人物或其他某些情节，通过对知识、技能的演绎，使受众在享受乐趣的同时，也能够获得一些新的知识。其次，教育性体现在品牌所传达的理念和价值观念上。通过对品牌所倡导的价值观念的深度理解和表达，既可以增强品牌形象在社会上的认可度，也能够引发观众的深刻思考。许多内容 IP 作品，不仅仅是演绎了一个故事，也引导着受众去学习知识、塑造积极的社交关系，同时也注重品牌形象的塑造，传达品牌关爱和责任精神。品牌形象的启迪力和教育性是内容 IP 所必备的关键特征之一，不仅仅可以有力提升产品的知名度，还可以对相关受众产生深远影响。制作方需要考虑到受众的需求和关注点，以情感共鸣和品牌价值的传递为核心目标，通过营销策略的实施，让受众与品牌建立更紧密的关系，让品牌进一步拓展其影响力。

（3）多样化和创新：内容 IP 的品牌形象应该是多样化和创新的。多样化和创新能够让品牌形象更有新鲜感，从而吸引不同人群的兴趣和注意力，在市场中更具有竞争力。内容 IP 创作者需要注重在剧情、人物、视觉效果、音乐和营销策略等方面进行多元化的探索和调整，以实现更好的品牌形象建设。首先，多样化的剧情和人物形象能够扩大内容 IP 的受众涵盖范围。内容 IP 创作者需要根据不同受众的年龄、性别和文化背景等特点，进行作品内容的选择和塑造，让受众更好地感受到品牌所代表的价值所在。例如，在故事情节上加入多元化的表现手法，以及利用各个流行元素、时尚潮流和趋势等来丰富品牌内容，让品牌形象更加符合受众和市场的需求。其次，在视觉效果上进行多样化创新，能够提高品牌形象的辨识度。视觉效果是内容 IP 的重要表现形式之一，但是同类型的作品经常会出现相同或者相似的表现方式和效果。因此，内容 IP 创作者需要在视觉上进行多样化创新，比如使用新的特效，或是与其他类型的作品进行融合，加入新的元素，提高受众对品牌形象的关注度。

内容 IP 的价值主张应该涵盖以下内容。

①文化内涵和价值观：文化内涵是内容 IP 的价值主张的重要表现形式之一。文化内涵是指通过作品所涵盖和传递的文化信息，制作人员需要挖掘不同种类和背景的文化符号，将其融入到作品中，让受众可以学习到更加深刻的文化知识，提高文化素养和审美水平。在此基础上，再为作品赋予特定的文化情感和艺术意义，通过跨文化的表现方式，表现出内容 IP 的深邃内涵，让内容 IP 所承载的文化内涵得到更广泛的传播。价值观是指反映人类活动和规范的一种社会观念。内容 IP 在制作中需要关注人性、社会生活、人类情感共鸣、人性探索等方面，用深入的思考和创作，将社会价值观带入作品中。通过人物的情感体验，人物立场和行为等方面，体现出内容 IP 作品所传递的社会责任感，呈现出与社会核心价值观一致的形象，从而给予受众启示。

②情感投入和社会责任感：情感投入是内容 IP 价值主张的重要基础。制作方需要在情感刻画上投入更多的时间和精力，创造出更深刻、更具有感

染力的作品。情感投入可以表现为对角色的深入刻画，或是对情节的情感渲染。把观众的感受放在第一位，积极投入情感，将会让观众感受到更加真实和有温度的作品。其次，对社会责任的承担也是内容 IP 价值主张的重要组成部分。为了符合现代社会的需求和理念，制作方需要体现自身对社会的关注。比如体现出内容 IP 对环保、公益事业、社会热点话题等方面的关注和贡献。

③充分符合市场需求：内容 IP 的价值主张需要与市场需求充分符合。制作人员需要在创作过程中充分考虑受众的需求，并在创新和艺术性上作出平衡，以传达更符合市场需求的价值主张。制作人员还应该不断关注市场动态和观众喜好的变化，及时调整和优化产品策略，以满足市场和观众的需要。首先，制造方必须了解他们的目标群体，并尽可能深入了解他们的需求和希望。这可以通过市场调研和观众反馈等途径来实现。其次，在创新和艺术性上作出平衡是满足市场需求的重要手段。制作方需要在艺术和商业价值之间取得平衡，以避免作品的商业化和艺术性之间的冲突。制作方可以利用创新技术和手法来增加作品吸引力，从而提高品牌的影响力和感染力。最后，制作方需要紧跟市场动态和观众喜好的变化，及时调整和优化产品策略，以满足市场和观众的需要。若市场和观众的需求变化，制造方需要及时调整和优化策略以符合市场的需求，保证自身在市场中的优势地位。

④追求艺术的卓越性：艺术的卓越性是内容 IP 品牌价值的重要体现，它所代表的不仅是内容 IP 制作人员的创意和技术水平，同时也是内容 IP 品牌所表现的价值观和精神内涵。首先，在影视作品中强调表现方式的艺术性，可以增加内容 IP 的观赏价值。制作人要充分发挥自身的想象力和创造力，在剧本创作、角色塑造、场景描绘等方面追求艺术上的卓越性。通过对物品、人物、场景等各种元素的塑造，将艺术性融入到作品中，让观众能够在欣赏

作品的过程中感受到制作方对于艺术的追求和热爱。其次，在人物形象上注重艺术的塑造，可以增加角色的内涵和形象的深度。影视作品中的人物形象往往是观众感知剧情的重要途径。内容 IP 创作者在剧本创作中应该注重对主要角色的设计，要让人物形象在外表、性格和经历等方面拥有艺术的内涵和深度，从而更能够加深受众对作品的认同。最后，在影视场景的构想中注重艺术的呈现，可以使作品更具艺术性和美感。内容 IP 创作者可以通过出色的视觉效果、场景设计、摄影技术等手法，来展现影视场景的特别之处，令观众沉醉于其中，从而更好地感受到品牌所代表的价值主张和精神内涵。

⑤传递品牌形象与个性：传递品牌形象与个性是内容 IP 的价值主张之一。制作人员需要根据作品的主题和风格，去创造个性鲜明的品牌形象，让受众在欣赏作品的同时感受到此品牌的特殊之处。在作品传播的过程中，也需要注意塑造和传递品牌形象和个性，让品牌形象和价值观在各大媒体平台上传播。首先，制作人员应该根据品牌特点来创造个性化的剧情、人物和视觉效果等元素，以此塑造品牌形象和特色。品牌形象和特色需要与作品的场景和人物相呼应，以达到更好的传达效果。通过保持品牌形象和个性的一致性，品牌能够为观众留下更深的印象，使观众热衷于寻找此品牌所代表的内容 IP。其次，在营销策略中，品牌需要通过不同方式来传递其形象与个性。例如可以制作独特且具有标志性的形象，如一些大品牌都有独特 LOGO。此外，各种网络平台和社交媒体也是品牌传播的重要渠道。品牌形象的营销需要覆盖更多人群，在公众面前展示品牌的特色，同时不断挑战和突破自我，打造更具影响力的品牌形象。最后，制作人员还应该注意多元化和创新的表现方式，以适应市场变化趋势。

为了确立好内容 IP 的品牌形象和价值主张，内容 IP 创业者在进行品牌定位和核心价值构建的同时，还需要注重塑造品牌的内涵和外延。在内涵上，内容 IP 需要从其内在方面进行构建，通过强化不同于其他同类产品的独特之处，打造跨领域、具有高度娱乐性的特色 IP。而在外延方面，内容 IP 需要兼顾多个方面，注重差异化的营销手段搭建，包括独特的主题活动、与明星的跨界合作和社交网络等。与此同时，内容 IP 还需要为受众创造具体的产品和品牌体验，例如周边商品、游戏等，从而深化用户对该品牌的印象和认同。

除此之外，内容 IP 创业者还可以采用联动合作的方式，引入其他领域的创意资源，共同推出内容产品及其衍生品。例如，针对餐饮领域的内容 IP 可以与特定食品品牌合作，共同开发主题餐厅品牌。

同时，内容 IP 在打造品牌形象和价值主张时，还可以引入先进的设计和营销策略。在设计方面，内容 IP 能够通过原创和个性化的设计方式，在创意中寻找到独特之处，并将这些元素注入作品中，提高内容 IP 在受众中的记忆价值。通过差异化的设计，内容 IP 能够形成更加独特的视觉效果和非凡的品牌形象，从而获得更多的关注和认可。同时，营销策略也是打造品牌形象不可或缺的因素。内容 IP 需要制定创新跨界、形式独特的营销策略，包括如优惠券、超值礼包等方式，吸引受众的注意力。相关工作人员还可以借助社交化营销。社交化营销是以社交媒体为基础，通过人际间的互动和分享，以增加商品或者品牌的影响力和效益的方式。针对不同的受众，内容 IP 可以在社交媒体上开展各种互动活动，如留言互动、签到领奖等，以此提高用户参与度和黏性，加强品牌的传播效果。

总之，内容 IP 的品牌形象和价值主张，对于内容 IP 的整体发展和推广具有关键的作用。内容 IP 要想从众多同类内容 IP 中脱颖而出，打造出具备差异化、独特性和创新性的品牌形象，是一个较大的挑战。为了克服这一难题，内容 IP 创作者既要注重内在构建，确定品牌定位和核心价值，又需要注重外延打造，引入足够优质的资源，搭建具有独特性和创新性的品牌形象，以提升内容 IP 的知名度和影响力。

2.2.3 内容 IP 的社会影响评估和价值导向调整

随着内容 IP 和短视频的流行，越来越多的创作者和企业开始投入到这个领域的创作和推广之中。然而，与此同时，内容 IP 所具有的社会影响力和价值导向问题也日益受到关注。因此，在打造内容 IP 的创新方式时，需要注重对其社会影响进行评估并进行价值导向的调整。

首先，在内容 IP 的创作与推广过程中，需要关注作品所带来的社会影响，这个影响并不仅仅是对消费者的购买行为所产生的影响，更重要的是作品对于消费者价值观、生活方式等多方面的塑造和影响。因此，对于内容 IP 的社会影响，需要进行全方位的评估，以更准确地认识作品所蕴含的价值和社会意义。

在进行内容 IP 的社会影响评估时，需要对作品所表达的价值观进行深入分析。作品所表达的价值观是构成作品内核的核心部分，是作品社会影响力的决定因素之一，因此，对其进行的评估至关重要。此外，还应注重作品传播中所产生的信息效果，包括关键信息的传递情况、目标群体所产生的反馈等。

除了考虑作品本身的表达和传播情况，对受众的影响也是进行社会影响评估时需要重点考虑的因素之一。作品不仅是为受众购买而生，还会对受众的思想观念、生活方式及价值观念产生影响。因此，还需要考虑内容 IP 对受众的塑造和影响程度。同时，受众的反馈也会对作品的社会影响产生重要影响，因此对受众反馈的分析也是进行社会影响评估的重要部分。

通过对内容 IP 的社会影响进行全方位的评估，可以更加准确地认识作品背后所蕴含的价值和社会意义，为内容 IP 的进一步发展提供有益的参考和指导。在进行社会影响评估时，需要充分考虑作品所表达的价值观、传播效果、对受众的影响程度及其反馈等因素，进行科学、全面的分析评估。

其次，在评估内容 IP 的社会影响的基础上，需要对其价值导向进行相应的调整。在内容 IP 创作过程中，应该注重作品所表达的价值观和信息传递的正面影响，避免作品中出现有害的信息和负面的价值观念。同时，在作品的宣传和营销过程中，也需要强调作品所代表的正面价值导向，从而吸引更多支持和欣赏这种价值观的受众。

在对内容 IP 的价值导向进行调整时，需要注重两个方面。首先，需要注重社会责任意识的培养。创作者和企业在进行内容 IP 创作与推广之前，需要明确自己的社会责任，注重作品对受众和社会的责任和义务，从而在作品创作和传播时更加注重社会效益。其次，需要注重对受众的正面影响和引领作用。创作者和企业需要充分了解受众的需求和心理，通过适当引导和影响，向他们传达积极向上、健康向善的生活态度和价值观念。

最后，在实现对内容 IP 的社会影响评估和价值导向调整的基础上，需要进一步深化内容 IP 的文化内涵和价值。具体而言，需要加强对作品中蕴含的文化意义和历史价值的挖掘，注重对受众的文化素质和艺术修养的提升，从而进一步提高内容 IP 的文化传播和社会价值。只有通过不断深化内容 IP 的文化内涵和价值，才能取得更加长远和深远的社会效应和影响，促进整个行业的健康发展和繁荣。

综上所述，内容 IP 打造制作的创新方式需要注重对其社会影响进行评估，对其价值导向进行调整。通过对其社会影响进行全方位的评估，同时调整作品价值导向，可以达到更好的社会效应和影响，促进行业的健康发展和良性竞争。创作者和企业在进行内容 IP 创作与推广时，不仅要注重商业利润和市场竞争，更要充分发挥社会责任意识和价值导向，为社会、行业发展作出更大的贡献。只有这样，才能够在内容 IP 领域中取得更加骄人的成绩。

2.3 内容 IP 的跨平台传播和营销策略

2.3.1 内容 IP 的传播渠道和策略

在内容 IP 的打造和传播过程中，传播渠道和策略的选择是非常重要的。只有选择合适的传播渠道和采用恰当的营销策略，才能够最大限度地发挥作品的传播和营销效果。因此，在打造内容 IP 作品的过程中，我们需要针对不同的受众群体和内容主题，选择合适的传播渠道并且采取有效的营销策略，实现作品的广泛传播和商业价值的最大化。

首先，传统媒体仍然是传播内容 IP 的重要渠道。传统媒体对于内容 IP 的传播依然具有很大的优势。虽然随着互联网的高速发展，越来越多的人通过社交媒体、手机 App 等平台获取信息，但传统媒体仍然是传播内容 IP 的重要渠道。传统媒体的广泛覆盖和强大影响力，可以为作品提供更广泛的受众群体，提高作品的知名度和影响力。

传统媒体具有广泛的覆盖率和受众基础。电视、报纸、广播、杂志等传统媒体是许多家庭必备的媒介，具有高度的普及性。在传播内容 IP 时，通过传统媒体的广泛覆盖,能够使作品传达给更广泛的受众,尤其是那些不太熟悉或接触互联网较少的人群。传统媒体的广泛受众基础也可以很好地满足不同年龄层、不同文化程度等各类受众的需求。传统媒体对于广告投放也有着自己的优势。在传统媒体上进行广告投放,能够把品牌信息直接传达到潜在受众的接收范围内,从而增加品牌知名度和记忆度。例如,电视广告是传统媒体中最受欢迎的广告形式,具有极高的人群覆盖率,而且电视广告时长较长,能够清晰地展示产品的优势和独特性。报纸和海报等传统媒体广告,在公共场所和街头都能吸引大量的目光,增加品牌在受众印象中的记忆点。传统媒体广告适合在多平台进行传播,提高作品的曝光率。例如,在电视媒体上播放广告可以直接吸引电视受众群体的关注,同时也可在网络多个平台上投放广告,以形成多头加持的传播效应,提高作品的曝光率。但是在选择传统媒体广告时,也需要综合考虑受众的特点和需求。只有在全面了解受众情况之后,才能够选择合适的传统媒体渠道和投放广告,让广告更贴合受众需求。例如针对中老年群体的健康保健类内容 IP,在电视和报刊等传统媒体上进行广告投放,将更接近受众,吸引更多目标受众,从而获得更佳的传播效果。

其次,网络平台已成为内容 IP 传播的主要途径之一。随着技术的发展和移动互联网用户的不断增加,网络平台已经成为内容 IP 和短视频传播的主流渠道。网络平台具有传播速度快、信息量大、互动性强等特点,可以让用户更方便地获取和传播信息。这也成为内容 IP 制作方进行品牌推广、宣传和营销的重要途径。网络平台的互动性强,可以让用户参与更深度的讨论和交流。例如,某视频平台通过分享、观看、评论等多种方式,实现了内容 IP 的社交化传播,激发了观众的互动和分享。受众和创作者之间的互动,也是推动内容 IP 持续发展的重要保障。网络平台通过提供评论区、弹幕等交互功能，方便了创作者和受众的直接交流和反馈，不断调整作品方向和内容。同时，也增加了观众的参与感和黏性。网络平台具有较高的算法和数据分析能力，可以对用户的行为和喜好进行精准分析和定位，从而更好地推送内容和增加平台活跃度。通过运用算法技术，可以针对不同平台和受众，采取不同的传播策略，提高作品的营销收益和传播效益。这些平台都会根据用户画像、兴趣标签，以及行为数据等因素来进行数据分析和定位，从而推送更符合用户需求的内容。网络平台的传播速度和传播范围都非常广泛。众多的网络平台各自拥有大量的用户，每个平台都有独特的受众定位和用户群体。通过网络平台的传播，可以让内容 IP 迅速获得品牌曝光和传播，具有广泛、快速的传播能力。当然，也需要制作方根据平台特点和需求，有针对性地打造内容 IP 并进行传播。

在网络平台的选择和管理方面，制作方还需要充分考虑平台的影响力和品牌形象的匹配性。目前，国内主流的短视频和内容 IP 平台主要有抖音、快手、B 站等。不同平台的受众、用户行为、推广方式、营销策略、商业模式等都存在差异。制作方需要了解不同平台的特点，根据业务的需求选择合适的平台。同时，在平台的运营管理方面，需要加强品牌形象的管理和维护，消除负面因素对品牌的影响，提高品牌形象的认知度。

在互联网时代，游戏作为一种新兴的传播渠道，已经得到了广泛的发展和应用。作为一种独特的娱乐方式，游戏的体验可以更好地帮助受众投入到内容 IP 的世界之中，获得更加深刻的沉浸式体验。因此，对于内容 IP 的传播和推广来说，游戏是一个具有很大潜力的传播方式。游戏可以吸引更多的受众来了解内容 IP。游戏作为一种互动性非常强的娱乐方式，可以让玩家更深地认识和了解内容 IP 的情节、人物、背景等。例如，以游戏为载体，构建一个游戏环境与玩家互动，模拟各种经典的场景和人物角色，配合声音、画面等多种元素，深刻地引出内容 IP 的世界观和主题思想，让受众沉浸式地体验 IP 内容、获得情感投入。在游戏中可以通过多元化的角色设计、美术风格、关卡设计来吸引受众。比如，以内容 IP 的经典人物为原型设计游戏中角色的特征、性格等，在游戏中添加还原度极高的场景和画面设计，将其与内容 IP 进行有机联系。同时，游戏中可供选择的游玩模式，让受众能够更贴近 IP 内容、引起共鸣。通过游戏的二次开发和延展，可以为内容 IP 的发展提供新的契机。制作方可以通过推出相关的游戏周边，包括手办、卡牌、模型等物品，让玩家对内容 IP 的世界观和相关故事情节进行更深入的了解，提高的认同感和忠诚度。同时，制作方也可以利用游戏收益的资金，作为进一步创作的资金，为更多新的内容 IP 作品的发展提供支持。除此之外，游戏还能够实现内容 IP 的跨平台。根据游戏的特性，制作方可以将其开发为手机、电脑、游戏机等多个平台游戏，从而更好地吸引使用各种设备的受众，获得更大的传播效果和收益。

综上所述，游戏作为一种具有巨大潜力的内容 IP 传播方式，其独特的互动性、深度体验性和二次开发性，为内容 IP 的推广和发展提供了更多的机会和可能。

此外，在内容 IP 的传播和营销过程中，还可以采用多种渠道的宣传和推广手段。相关人员可以采用品牌合作营销策略有效增强作品的知名度和影响力。创作者可以选择和其他更有知名度的品牌合作推出内容 IP，增强作品的影响力。除此之外，创作者还可以通过诸如举办发布会、参加展会等方式，吸引更多的受众关注、参与和分享作品。同时，可以通过在公共场所投放广告和海报，吸引受众眼球。然而，值得注意的是，选择线下宣传和推广手段时，需要根据受众特点和内容主题，以及预算和资源的限制进行合理规划和运用，以最大化作品的推广效果和营销效益。

总之，内容 IP 的传播和营销渠道非常丰富。在选择和采用传播渠道和营销策略时，需要根据作品特点和受众特点，以及社会和技术发展等多方面因素进行综合评估和决策，以获得最佳的传播效果和营销效益。随着社会的不断进步和技术的不断发展，内容 IP 的传播和营销方式也必将不断创新和完善，为作品的传播和商业化创造更丰富的可能性和发展空间。在这个快速变化的时代，内容 IP 的传播渠道和营销策略不仅需要注重整体性和系统性，还需要精细和创新。只有通过不断地实践和探索，深入了解受众需求和市场趋势，才能为受众创造更具有价值和吸引力的内容 IP 作品。因此，创作者需要保持敏锐的洞察力和创新性的思维，方可在内容 IP 市场中脱颖而出。

2.3.2 内容 IP 的营销方法和效果评估

随着内容 IP 市场的不断发展和壮大，作为内容创建和传播关键要素的营销方法和效果评估已成为当前市场关注的焦点。营销方法的优化和效果评估的推进，不仅可以提高作品的曝光率，还可以增强受众的参与度，提高内容 IP 的竞争力。因此，对于内容 IP 的创作者和营销人员来说，深入理解营销方法和效果评估的应用价值，并结合市场趋势和受众需求，促进作品的创意、质量和商业效益的不断提升，是至关重要的。接下来将重点探讨内容 IP 的营销方法和效果评估的重要性，并在此基础上，指出如何选择和运用合理的评估指标。

首先，内容 IP 的营销方法中，品牌植入可以被看作是非常经典的营销手段。品牌植入是指在内容作品中出现品牌名称、商标、产品或服务等内容，以达到宣传推广和引导消费的目的。品牌植入可以让知名品牌在作品中出现，从而借用品牌的流量和影响力，提高作品的曝光率和受众关注度，并大幅提升作品的商业价值。品牌植入的目的首先是宣传推广品牌，提高品牌的知名度、美誉度和口碑。此外，品牌植入也可以让消费者在观看作品内容的同时，潜在地接受品牌的产品或服务。品牌植入的主要优势包括增加品牌曝光度、促进品牌标识的传播、带来更多的商业机会、刺激销售增长、增强品牌形象和加深品牌印象等。然而，品牌植入也存在许多挑战，比如品牌与作品之间的匹配度、过度依赖品牌、品牌自我营销造成的烟雾干扰等。创作者需要注意品牌与作品之间的匹配度，保证植入品牌与作品之间的相关性和协调性。另外，品牌植入不应该影响内容作品的剧情和叙述逻辑，同时确保植入品牌符合内容形象和核心价值观。

其次，社交化营销也是内容 IP 的营销方法之一。随着互联网技术的不断发展，社交媒体平台逐渐成为内容 IP 营销的重要渠道之一。社交化营销是指利用社交媒体平台和工具，通过社交分享和传播方式扩大作品的曝光度、增加受众的参与度的一种营销方法。社交化营销不仅能够提高品牌知名度，还能够吸引更多用户参与其中，增加品牌忠诚度。下面就来探讨一下，在内容 IP 中应如何进行社交化营销？

社交化营销需要善于利用社交媒体平台。社交媒体平台是最容易触达用户的渠道，就内容 IP 而言，社交媒体平台也是最具潜力的推广渠道。例如微博、微信公众号、抖音短视频等，这些社交媒体平台能够快速传播信息，对于内容 IP 官方账号的运营和管理也有很高的要求。内容 IP 创作者需要善于运用各个社交媒体平台的口碑效应，制定行之有效的营销策略和方案。充实社交媒体平台的互动体验。互动性能够提高消费者对品牌的参与度和留存率。内容 IP 创作者可以在社交媒体平台上定期发布与内容 IP 有关的博客、短视频、图片等，并设置合适的优惠活动，以增加粉丝的互动性和关注，引导粉丝更好地参与到品牌的建设和营销中来。当然，这种增加互动体验的营销策略需要有良好的用户运营和客户服务，如及时回复粉丝的评论和反馈，并且根据粉丝的意见和建议改进和优化品牌形象。另外，为了更好发挥社交媒体平台的效果，需要善于利用用户数据来优化营销策略。通过不断发布与内容 IP 相关的内容，内容 IP 创作者可以积累大量访客和粉丝数据，分析用户特点、喜好、活跃性以及消费习惯等方面的数据，进一步优化策略和推广方案，以提高品牌的认可度和用户参与度。整合短视频和内容 IP，是社交化营销中一个比较有效的策略。短视频颇受年轻人的喜爱，因此在与内容 IP 的整合营销中，短视频可以作为一个重要的合作入口。内容 IP 创作者可以精心设计短视频元素和内容 IP 的相互融合，以此达到品牌营销的目的。内容 IP 创作者可以通过视频平台的用户数据分析工具，了解受众对短视频内容的评价和反馈，从而不断完善和提升品牌形象。

最后，短期活动和长期品牌形象构建也是内容 IP 的营销方法和执行战略之一。内容 IP 的营销不仅需要有好的内容和制作，更需要营销策略和执行战略来提高作品的曝光度和知名度。

一方面，短期活动是内容 IP 营销中重要的环节。短期活动是指针对目标受众，主动开展促销活动来达到营销目标的一种方式。内容 IP 创作者可以通过多种形式的促销活动来增加受众成交率，为作品带来更大的效益。例如，利用一些重大节假日开展限时活动、联合电商平台或社交媒体平台进行抽奖、会员积分兑换等，这些活动是针对目标受众的快速促销策略。这些短期活动往往具有速效性的特点，能够较快地提高作品的曝光度和知名度。与行业或娱乐业名人的合作宣传也是短期活动中的主要执行战略之一。内容 IP 创作者可以与知名企业、网红达人、艺人等进行合作，以达到更大的曝光率、口碑效应和传播力度，从而提高作品的知名度。例如，某知名品牌与某热门影片进行搭配营销推广，或某网红博主为某影片作宣传等，这些合作宣传活动都能够带来不少的曝光率、新用户介入和口碑传播。

另一方面，长期品牌形象构建是内容 IP 营销的重要策略之一。长期品牌形象构建是指通过精心的内容制作和品牌营销，不断地塑造自身的品牌形象，并维持和强化其在消费者心目中的形象和认知。通过有效的品牌形象构建，逐渐树立与众不同的形象，提高作品在受众心目中的口碑和信任度。长期品牌形象构建的执行策略主要有以下几个方面：①设计自身的品牌形象。内容 IP 创作者需要根据自己产品的特点和目标受众的需求，制定相关策略进行品牌定位。比如确定内容 IP 及所在平台是否偏向某类目标用户或特定消费人群，并在制作中突出相应特点和优势。②面向目标受众进行营销。内容 IP 需要从用户的需求出发，了解目标用户的消费心理、购买理念和偏好等，以此为基础设计更贴近目标用户的内容，提高投放精准率并增强用户黏性。此外，在挖掘目标用户需求上，也应不断从社会发展和文化影响等方面切入，动态调整作品方向与品牌营销策略。③维护品牌形象的稳定性，做好品牌维护服务。内容 IP 创作者需要关注用户反馈，积极优化品牌形象，不断提高用户体验，增强用户忠诚度。长期品牌形象构建是一个漫长的过程，需要制作方投入足够的时间和资源。在这个过程中，制作方需要持续发布高质量的内容，并强化品牌形象，为消费者提供卓越的客户服务。

除营销方法外，内容 IP 的效果评估也是重要的一环。营销效果的指标主要包括曝光率、转化率、使用率、参与度等多个方面。作为创作者和营销人员，需要通过分析这些指标和数据，即时调整和规划今后的营销策略，以达成展示、销售和传播目标。同时，需要避免单一营销效果指标的盲目追求，而是应当根据作品本身的特点和受众的需求，适当权衡各项指标，尽可能地取得多方面的效益。营销效果评估可以从以下几方面进行。

观众数据。一部成功内容 IP 的广告效应，不仅要吸引目标群体的目光，也要取得他们的认可，从而让品牌营销能够形成真正的正向引导效应。受众数据是对这些效应进行量化和评估的一个非常重要的指标，有助于内容 IP 创作者更加立体地认识和分析品牌营销效果。受众数据包括曝光率、点击率、互动率、流量等多个需要进行分析和比较的数据指标。首先是曝光率，在媒体广告投放中指的是广告在特定时间范围内的接触率，而在内容 IP 营销中，则是指在特定渠道上受众所看到的品牌内容次数。内容 IP 创作者需要利用各种数据分析工具，不断优化、调整其发布的内容，提高内容的曝光率，以便更好地将品牌营销传递给目标受众。其次是点击率，点击率指的是受众在看到品牌内容后进入品牌营销网站或其他兴趣创造的页面的比例。这里需要注意的是，虽然点击率不能体现所有的广告效应，但对于内容 IP 创作者来说，增加点击率是一个重要的目标。内容 IP 创作者可以通过并行试验等方式，不断调整内容 IP 的营销策略，以提高自身的点击率和用户转化率。再次是互动率，互动率指在所有曝光过程中用户对内容 IP 进行内容消费、参与和反馈的比例。通过分析互动数据，内容 IP 创作者能够更好地了解目标受众的购买意愿和消费行为，根据不同阶段的反馈和分析结果，更好地把握品牌营销策略，提供更精准的市场应对和消费指引。最后是流量分析，通过流量分析，内容 IP 创作者可以更好地了解内容 IP 在营销周期中的变化和趋势。内容 IP 创作者需要将其营销策略与不同阶段的用户特点和需求相适应，通过分析流量数据和用户数据，深入了解受众的说法和行为习惯，进而为之后的营销策略调整和反馈作出科学的决策。

除了受众数据外，内容 IP 的转化数据也是非常重要的营销效果评估指标。转化数据以测量营销活动能否将用户转化为忠实的粉丝或消费者为重点，对于内容 IP 的营销策略和执行效果具有重要的指导和参考意义。具体来说，转化数据主要包括受众的喜爱度、忠诚度和消费意愿等指标。喜爱度反映了受众对内容 IP 的意愿和态度，忠诚度则是指受众对品牌的关注和忠实度，而消费意愿是衡量受众是否愿意在以后的消费中选择品牌的重要标志。这些指标分别代表了受众的忠诚程度、参与程度和消费行为等方面的评价和反馈。内容 IP 创作者可以通过各种方法来收集和分析转化数据。例如，可以通过网络问卷或电话调查对受众进行调查，来了解受众对内容 IP 的整体评价和品牌认知度。也可以通过粉丝互动、社交媒体发帖、微信红包等手段来检测并提高忠诚度和参与度。同时，也可以根据购物网站的消费数据、搜索引擎的关键词分析和竞品分析等多种方式进行市场监测和数据分析，以便更加全面地了解品牌的竞争情况和消费者的购物行为。通过对转化数据的监测和分析，内容 IP 创作者可以更好地了解受众需求，进而针对受众需求进行精准的品牌营销策略调整。特别是在内容 IP 的剪辑和推广过程中，内容 IP 创作者可以利用互联网的大数据技术，从大量数据中找到相关信息，以便更加精准地把握观众购买行为。最后，要注意的是，对于内容 IP 的转化数据监测和分析，在监测指标的时候，需要结合具体的营销目标和策略。内容 IP 创作者需要时刻关注维护品牌的商业化目标，并根据具体情况和需求来调整营销策略。同时，还需要在监测的同时保护用户隐私，避免泄露用户信息带来的负面影响。

在内容 IP 的营销推广中，市场占有率是一个非常重要的指标。市场占有率能够反映出内容 IP 在特定市场中的竞争态势和市场份额，也能够从侧面反映消费者对于内容 IP 的认可度和接受程度，因此，内容 IP 创作者等对市场占有率的监测、分析和评估非常重要。市场占有率能够为内容 IP 创作者提供一些重要的竞争信息和市场趋势。市场占有率可通过与同类产品的竞争比较，作出对产品属性和消费者需求的理解，从而改进营销策略并持续优化营销方案。内容 IP 创作者需要根据市场占有率的分析和预测，在新的市场机遇中进行更准确的决策，更好地把握机遇和抢占市场。市场占有率能够为内容 IP 创作者的客户服务和维护提供良好依据。在运营过程中，内容 IP 创作者通过市场占有率的监测，可以了解消费者的需求、反应和评论，得出改进营销方案的依据。内容 IP 创作者可以通过定期调研，不断改进和调整营销方案，以更好地满足受众的需求和预期，进而提升市场占有率。市场占有率指标可以帮助内容 IP 创作者更好地把握受众需求和消费趋势，加强多维度的产品思考，以更好地促进营销流程，帮助内容 IP 创作者开拓销售市场和占领市场份额。总之，市场占有率是评估内容 IP 营销效果的不可忽视的重要参考因素。内容 IP 创作者需要通过数据分析，不断完善和创新企业营销策略，同时做好用户服务及维护工作，以保证自身的市场占有率和竞争力。

反馈数据。在内容 IP 的营销过程中，反馈数据包括用户对内容 IP 的反馈和意见，是帮助制作方进一步了解受众需求和反应，提高用户黏性和品牌忠诚度的关键。用户的建议和意见，是内容 IP 营销过程中制作方获得的最直接、最有价值的反馈数据之一。制作方应对用户的反馈数据进行收集和分析，以了解用户的需求和反应，并进行营销策略的调整。比如，可以通过在社交媒体平台上提出一些用户相关的投票或是问卷调查，让用户直接参与内容 IP 的制作和营销，从而更好地了解受众的意见和建议。对于一些用户对内容 IP 的负面反馈，制作方也需要特别关注和认真对待，通过分析和处理这些负面反馈，有助于制作方优化品牌形象和营销策略，包括优化内容 IP 的品质、削减广告信息等。同时，制作方也可以适用信息审核和投诉处理机制，及时处理反馈信息，维护用户利益和对品牌的信任。用户的想法和意愿，是内容 IP 营销过程中的一个重要数据，因此制作方需要对这些数据进行深入分析。对于用户的想法和意愿，制作方可以通过分析数据，了解用户对内容 IP 的喜好和需求，进而提出相应的营销策略，满足用户的期待和要求。

行业比较。在内容 IP 营销效果的评估中，行业比较也是一个非常重要的考量因素。通过行业比较可以了解到自身在同行业内的发展情况和优劣势所在，及时完成对自身品牌策略的调整和优化，是提升内容 IP 广告效应的关键性要素之一。首先，在行业比较中可以对自身内容 IP 的创意和创造性进行评估，了解内容形式是否具有颠覆性和创新性，以及是否符合目标受众的需求和喜好。随着行业技术的不断发展，消费者的需求也在不断发生变化，因此，制片方需要随时关注行业动向，并且对内容 IP 进行优化和改进。其次，在行业比较中可以分析同行业其他作品的营销策略和广告效应，以便自己的品牌能够更好地进行营销优化和策略调整。在调整策略的同时，也需要避免与同行业其他品牌的营销策略产生太大的差异。再次，在行业比较中还可以了解到同行业各内容 IP 之间的竞争关系，以及自身内容 IP 在这个竞争关系中的地位和优势。了解竞争对手的营销策略和营销手段，可以进行竞争策略的调整和优化，以便自己的品牌能够在竞争中处于有利地位。最后，在行业比较中还可以对流量等数据方面进行分析，以便了解自身内容 IP 在流量维度上的发展情况和优劣之处。同时，在遵循自身品牌特色的前提下，可以借鉴同行业其他品牌的先进实践，形成自身更优秀的营销策略和方案。

综合来看，对内容 IP 的营销效果评估，需要多方面综合考虑，通过对多种数据指标的分析和比较，全面了解自身作品在市场中的优劣和地位，并通过调整营销策略，提高作品的市场地位和竞争力，实现营销效益的最大化。

内容 IP 的营销效果评估和营销策略密切相关。对于评估得分不够理想的项目，需要反思和调整营销策略。对于评估良好的项目，可以借鉴成功经验，进一步提高营销效果。具体来说，针对不同的实施效果，可以通过以下几种方式调整营销策略：

优化目标受众。营销策略需要有针对性地优化，考虑到受众的需求和反应，进行更精准的营销策略制定。例如，对于年轻人群体，应强化明星代言和社交媒体营销，利用互动活动等方式提高用户参与性。

丰富内容产品的呈现方式。内容 IP 需要丰富多元化的产品呈现方式，针对不同受众和平台，进行创新的内容差异化设计和发布策略。例如，对于视频平台，应利用影视作品 IP 和短视频等多种方式进行发布和传播，吸引更多的观众。

提高品牌形象和用户黏性。内容 IP 的品牌形象和用户黏性是针对作品的品质和用户体验进行提升的重要手段。例如，在作品设计和发布过程中，应注意剧情设置、节奏掌握、镜头拍摄等方面，提高作品的品质和呈现效果，从而提高用户黏性和品牌形象。

内容 IP 的营销效果评估和营销策略的关系非常密切。通过不断地优化营销策略，实施营销行动，监测和评估营销效果，可以不断提高作品在市场竞争中的竞争力和占有率，为内容 IP 持续发展和壮大提供坚实的保障。

内容 IP 作品的营销方法和效果评估是其成功的关键之一。创作者需要根据作品本身的特点和受众特征，选择合适的营销方法并运用适当的执行战略，从而达到提高作品的曝光率、商业价值和影响力的目标。同时，创作者需要清晰地了解营销效果的指标和相关数据，及时制定和调整今后的营销策略。只有在坚持不断创新和追求优秀品质的基础上，才能让内容 IP 在瞬息万变的市场环境中获得竞争优势。

同时，创作者和营销人员还可以通过多种方式和手段来进行效果评估和改进。作为内容 IP 营销领域的一种新兴方式，充分利用数字方法和技术的革新是必不可少的。随着人工智能、大数据技术和机器学习等高新技术的不断深入，通过智能化的数据分析来全面评估营销效果并实现全面的营销目标，将成为未来内容 IP 营销的主流发展趋势。例如，相关工作人员可以通过用户调研、数据分析、行业对比等方式逐步深入了解受众需求和市场趋势，进一步调整和改进作品的创作和营销方向。并且，还可以通过设置分析和反馈机制，实时获取受众和客户的反馈与意见，以及各项数据指标的实时变化。这些反馈和数据可以协助创作者和营销人员不断精细调整作品的营销策略和方向，提升作品的质量和商业价值。

总之，以营销为导向的内容 IP，传播的质与量的重要性都不可忽视。营销方法和效果评估的深入应用是商业化内容 IP 成功的关键所在。创作者和营销人员需要深入理解不同的营销方法、指标和变量，并结合受众和市场趋势的变化等因素，灵活运用合理的策略和方法，以提高作品的质量，从而推动内容 IP 产业的发展。

2.3.3 内容 IP 的社会责任和价值

在当今内容 IP 行业中，随着市场的不断扩大和竞争的愈趋激烈，实现社会责任和价值的重要性日益凸显。内容 IP 作为文化产品，更需要在创作、传播和营销过程中关注社会责任和价值。实现社会责任和价值，不仅有助于树立企业的社会形象，而且有利于社会的发展。

现今，实现社会责任和价值是提高内容 IP 品质和受众认可的因素之一，对于提升内容 IP 的竞争力具有重要意义。随着内容 IP 市场的不断拓展和竞争不断加剧，仅关注短期商业利益的营销模式已无法满足受众和社会对内容 IP 品质和作品价值的需求。刻意追求短期利益或利润，不仅会降低作品本身的价值和影响力，而且还会成为内容 IP 发展过程中的障碍。相反，在实现社会责任和价值的基础上构建内容 IP 的品牌形象和声誉，将有助于提升其市场竞争力。实现内容 IP 的社会责任和价值，不仅仅是为了提高品质和认可度，更是为了满足现代观众对于内容 IP 作品质量的需求。目前，具有良好社会责任和价值的作品正逐渐成为热点。在这一领域中，严格审视企业社会价值对于提高消费者的认可度至关重要。从企业角度看，确保作品具有高品质并符合社会规范及价值观，能提高社会和消费者对企业的信任和认可。从消费者的角度看，内容 IP 作品具有良好社会责任和价值十分重要。

除了提高内容 IP 的品质和认可度，实现社会责任和价值还可以对推进社会公益事业和激励社会创新起到积极作用。首先，实现社会责任和价值履行有助于推进社会公益事业的发展。积极履行社会责任的态度和良好的价值观念可以帮助企业和创作者在作品中反映社会公益事业所需要关注的问题和现状。比如，关心弱势群体、关注环境保护等，将这些元素融入到内容 IP 的创作和营销之中，可以让观众和社会更深入地了解这些问题，并引发更多的讨论和改变，从而推动社会公益事业的发展。

同时，实现社会责任和价值有助于激发社会创新。内容 IP 作为文化产品，无论是创作还是营销，都需要从社会创新和科技创造方面获取灵感和推动力。良好的价值观念不仅可以激励内容 IP 创作者在作品中理性思考社会问题，还可以促进受众发掘问题和提出自己的看法，从而推动社会的进步和文化的发展。

实现社会责任和价值有助于使观众更好地理解作品，并提高品牌形象。透过作品中传播的良好社会责任和价值观念，观众能更好地理解作品的意义，感受到其中传递的正能量，从而提高对于作品的接受度和情感认同。同时，良好的社会责任和价值观念也能够为企业树立良好的品牌形象，根据不同的社会关注点制定品牌的宣传方式，从而吸引更多内容 IP 受众。

实现社会责任和价值有助于推进内容 IP 领域的整体进步。内容 IP 作为年轻人喜爱的新文化品类，带动了数字媒体和互联网营销的发展趋势。在这个过程中，良好的社会责任和价值是内容 IP 作品必须符合的前提要求。通过营造良好的创作和营销环境，让企业和创作者在作品中聚焦社会价值和公益活动，推动内容 IP 文化领域的创新发展。同时，也能够带动内容 IP 产生的整体提升和影响力的积累，从而创造更有价值并且受到观众喜爱的作品。

实现内容 IP 社会责任和价值观需要多方协作，贯穿内容 IP 创作、宣传和推广的每个环节。以下是几个关键因素：

首先，内容 IP 的企划策划和执行过程需要引入社会责任和价值的概念。①企划和策划部门需要引入社会责任和价值的概念。在文化节目、影视作品、图书出版等内容 IP 的制作过程中，经营者要将社会责任和价值观贯穿其中。比如，要注重环境保护、社区服务等社会公益的议题，通过内容 IP 传播，达到社会责任意义上的意义。从企划开始，就要将社会责任的概念纳入考虑范围，以此体现内容 IP 企业的价值和企业形象。制片方需要注重传播正面价值体系。为了让内容 IP 传播出正面的社会价值，制片方必须选择适合当下社会核心价值观的主题和情境，作品要有积极、阳光、向上的风格，让受众在欣赏内容作品 IP 时，对正义、诚信、勇敢等正面价值有所认知。②制片方还需要在内容 IP 的宣传中注重良好的社会形象，树立积极向上、负责任的企业形象，增强品牌吸引力和公众信任度。此外，企业还可以利用自身优势，在实现社会责任和价值观方面作出积极贡献。例如，企业借助自身影响力和资源，在宣传和传播正面价值方面可以发挥更大的作用，通过宣传维护品牌形象、社会公益等方面的活动，从而更好地体现企业的社会责任和价值观。③内容 IP 企业还可以利用自身内容优势，推出符合社会价值追求的内容，在情感沟通和价值传递等方面作出积极贡献。比如，制片方可以通过一些生动的方式、场景和人物来纪念国家传统节日、传承文化经典等，以此展示出企业的社会责任感，为受众传递正能量，提升内容 IP 的社会价值。

其次，从内容 IP 创作开始，需要重视价值导向。首先，内容 IP 的创作者需要注重价值观导向。创作者需要从社会责任和价值观的视角去设计和创作内容 IP。这样才能够让品牌的内容充满正能量，让用户从中获益良多。制作方还需要考虑受众的需求和喜好，在内容 IP 的创作过程中，充分加强文化内涵和道德规范的内容 IP 元素，以便为受众提供更符合社会伦理和人文价值的内容熏陶。从人物刻画、剧情安排到场景布置，都应该注重价值观导向，使得受众有所启发。比如人生意义、责任担当、家庭纷争等主题，都是激发用户思考的好素材。利用这些素材创作成内容 IP，则可以大大增加产品的吸引力，同时也能够给受众带来更多感性和精神上的启示。如果产品的内容不够正面，或是在情感、人文和教育价值上存在问题，就有可能会引发舆论对品牌的不良影响。因此，制片方需要使内容 IP 符合相关的伦理和道德规范，从内容 IP 的创作到销售过程中，要确保在产品质量及内容的真实性和合理性的基础上，尽可能减少潜在的负面影响。

再次，相关内容 IP 企业应该积极参与公益活动。内容 IP 企业需要关注当下社会问题，了解公益项目需求和政府政策指导，有针对性地参与和支持公益活动。企业不能仅仅关注自身经济利益，更需要关注社会问题，贡献自身的力量，参与公益活动。这样的做法不仅有利于促进社会和谐发展，还可以提升企业的品牌声誉和吸引力。①相关内容 IP 企业需要积极参与公益活动。公益活动是企业展示社会责任、提升企业品牌声誉的重要途径。内容 IP 企业要想实现社会责任和价值观，必须积极关注当下的社会问题，了解公益需求和政府关于公益活动的政策，有针对性地参与和支持公益活动。企业可以策划和组织公益活动，倡导员工积极参与和支持。②内容 IP 企业需要关注社会热点话题和问题。企业应该充分把握当下社会热点话题和问题，不仅有利于企业更好地把握社会脉搏，更重要的是能够为企业提供实现社会责任和价值内涵的重要途径。例如，企业可以关注教育事业、绿色环保等话题，举办相应的公益活动，或是捐助相应的物质资源，以此来推进企业实现社会责任和价值内涵。③内容 IP 企业还需要注重员工参与和相关教育。员工是企业社会责任和价值观落实的主要承担者。企业应该建立完善的员工参与机制，鼓励员工积极参与到企业组织或支持的公益活动中来。另外，企业也可以将社会责任和价值观教育纳入企业的课程体系，培养员工的公益意识和社会责任，提高员工的社会责任意识和价值观。

最后，树立正确的品牌文化。在现代市场竞争中，企业的文化形象越来越受到重视。一家企业若能树立良好的品牌文化，并使其得到公认，将对企业的长远发展起到关键性作用。对于内容 IP 企业而言，在树立正确的品牌文化方面，更需要注重其特殊性和社会价值。①树立内容 IP 企业的品牌文化，需要从社会责任和价值观念入手。企业要想在市场上赢得更多的资源和关注，必须与社会大众和谐相处，对社会负责任的态度显得尤为重要。制片方需要以良好的道德伦理和社区责任，来涵养品牌文化的品质和影响力，把社会责任感和企业文化结合起来，为内容 IP 行业注入更多的正能量。②树立内容 IP 企业的品牌文化，需要以市场为导向，以用户需求为中心。内容 IP 企业的目标受众是用户，因此市场需求就是企业发展的根本方向。制片方需要积极了解不同受众群体的需求、喜好、特点和消费行为等方面的数据，从而更好地洞察市场，构建目标受众所青睐、认可的内容 IP 品牌文化。③树立内容 IP 企业的品牌文化，需要提高企业的视野广度和内涵深度。企业的能力在很大程度上取决于其企业文化。制作方需要把企业文化与营销策略相结合，深化品牌内涵，提升品牌影响力，使品牌文化扎根于企业思维体系中，并向外辐射和传播。不可否认的是，建立起具有社会责任和价值观的品牌文化并不是一个简单的过程，需要制作方从多方面入手，将企业的核心能力和品牌文化的塑造紧密联系起来。制作方应该对内容 IP 进行深度分析，为品牌文化的塑造提供更具实质性的助力。

综上所述，实现内容 IP 的社会责任和价值对于内容 IP 的发展是十分重要的。通过关注社会问题，负责任地营销和传播作品，内容 IP 的品质和作品价值将得到提升。同时，实现社会责任和价值与内容 IP 的长期发展和竞争计划相辅相成，将有助于提高其市场竞争力和商业价值。在内容 IP 的打造过程中，坚持履行内容 IP 的社会责任、实现内容 IP 的社会价值将有助于推动行业的健康和可持续发展。

第三章　短视频制作概述

3.1 短视频的发展历程和趋势

3.1.1 短视频的发展历程

随着数字化时代的到来，短视频已经成为最具爆发力的新兴媒介之一。以本体素材为基础的短视频，凭借着轻松、生动、直观的特点，深受广大用户的喜爱。毫无疑问，短视频已成为互联网时代的重要产物之一。下文将探讨短视频的起源和发展过程，着重阐述它与内容 IP 打造的创新方式，以及如何在短视频制作过程中注重价值导向，基于实践提出具体建议。

短视频是一种时长通常在 1~15 分钟之间的视频，是近年来出现的一种新型视频形式。与长视频不同，短视频因其轻松、快速、便捷和有趣的特点，成为了流行文化的重要一环，被广泛使用于社交媒体、电商、新闻宣传等领域。

在短视频的发展历程中，可以看到中国短视频产业不断突破和创新，逐渐崛起。起初，短视频依靠一些平台进行制作和传播。这些平台大多以视频分享为主要特点，如微视、秒拍等，以及一些与电视网络、数字文化产业等相关的平台。虽然这些平台的质量参差不齐，但它们成为了短视频发展的基础和动力。短视频的起源和发展初期，数字摄像技术逐渐成熟，电影、电视制片厂商开始尝试将电影故事精炼到最核心的元素，创造出1~3分钟的短片，形成了短视频制作的雏形。由于微电影时代的到来，短视频制作的技术和雏形不断成熟，短视频的特点也更加清晰明确。

到了2012年，国内开始发起了一股短视频分享运动。互联网带宽不断提高，社交媒体也开启了视频分享服务，短视频开始得到广泛传播，逐渐被普及和接受。这一阶段也被称为"短视频试水期"，在相关平台上生成的短视频内容质量比较不稳定，缺乏行业规范标准，内容多元性不强。

之后，短视频进入了从试水期向大流行时期的发展阶段。这一阶段的特点是大量的平台涌现，同时也以智能手机的普及带动用户群体的增加。这一阶段的代表性平台的营销策略和多样化的演绎形式以及逐渐成熟的技术对于短视频行业的发展产生了重要作用。2014年，随着短视频行业的不断发展成熟，短视频平台相继崛起。这些平台不断推陈出新，吸引了许多的用户。这一阶段被称为"短视频大流行时期"，随着平台功能愈加完善，短视频在用户中的传播规模逐渐扩大，形成了一定的数量级和质量规范。

在短视频的发展过程中，智能手机和移动互联网技术的不断支持也促进了短视频应用的发展。随着移动互联网时代的到来，人们开始随时随地地进行信息获取和交流，要求符合时代需求的极速传播方式。此外，高清摄像技术的普及和通信技术的不断提高，如4G、5G等，也为短视频发展提供了必要的技术支持。在用于商业变现和系统推广时，短视频能够更好地满足人们日益增长的需求。

现今，短视频发展进入了飞速增长的黄金期，各大短视频平台也在不断竞争和创新中前进，形成了一个全面而多变的市场格局。可以说，短视频已经成为一种全新的娱乐形式和商业变现方式。短视频通过新颖、有趣且容易传播等优势，促进了文化宣传、商品推广和个人价值的实现。

经过多年的快速发展，短视频也成为了一种越来越受欢迎的娱乐形式。首先，A 平台短视频已经成为中国市场上短视频龙头企业。其团队一直追求用户体验和内容创新，通过丰富的平台功能和创新的运营方式吸引了越来越多的用户。A 平台的用户众多，视频内容多样化，社交化体验强，用户体验极佳。其次，B 平台在全球范围内也取得了巨大的成功。其致力于打造一个广泛的社区，集聚了不少的年轻用户，且满足他们对于内容的创意和分享的需求，同时不断推出新的功能和改进用户体验，从老用户到新用户都能感受到平台的变革与进步。除此之外，其他平台也在短视频领域追赶领先企业，以其数量与内容优势，占据了很大的市场份额和用户群体，还有的则依托其年轻化、多元化、互动化的特点，形成了独特的风格，成为了短视频和动漫爱好者的聚集地。

为了更好的满足用户需求，短视频制作方也在不断探索和尝试创新的方法。例如，增加用户互动性，以 UGC（User Generated Content，用户原创内容）的形式不断创作优质短视频，以吸引更多的用户。短视频配合产品或服务的推广，以推广品牌知名度和增加销售量。这一形式的发展不断推动着文化、娱乐、广告、商业等领域的创新与进步。在短视频发展的过程中，一些电商平台将短视频应用更加精准地拓展到业务中，并成为了其重要的营销手段。

通过短视频的制作与传播，用户能够在简单、快速、有趣的视觉体验中感受到新的娱乐方式。未来，短视频的应用范围很可能更加广泛，从而推动各相关行业的发展和创新。

3.1.2 短视频的发展趋势和未来方向

短视频作为一种新型的视频表现形式，已经在全球范围内掀起了一股新的视频热潮。随着 5G 技术的逐渐普及和应用领域的不断扩展，短视频行业也呈现出了蓬勃发展的态势。下面将就短视频的发展趋势和未来方向进行详细讨论。

用户体验向更全面方向发展。短视频在发展中，用户体验无疑是最为重要的推动因素之一。在未来，用户体验将继续被提升和改善，朝向多元化、深度化、跨平台化的方向发展。首先是多维度的内容体验。多维度内容的发展可以让用户在短时间内获得更愉悦、多样化的观看体验。目前短视频平台上的内容多为娱乐类题材，但未来还将更多地涉及到教育、文化、健康等各个领域，并为用户提供符合其需求和爱好的内容。用户可以通过选择不同的标签和主题、探索各种类型的短视频内容，满足更多不同领域的知识需求，让用户在观看中获得更多的知识和乐趣。其次是新型互动方式的应用。为更好地提高用户体验，短视频平台不断创新与完善其互动方式。弹幕互动、"火箭"等功能，可以让用户在观看视频的同时实现直接互动。短视频平台还会加强用户与制作者和其他观看者的联系，让用户参与到内容的创作和互动中，获得更加真实而直观的观影体验。最后是迈向直播与短视频深度融合的趋势。短视频与直播的融合，已经成为未来短视频平台发展的方向。这种方式可以让用户自由创作、实时进行看点分享，拓展视野、提高点播效果，获得更加深度而开放的用户互动体验。短视频的未来方向不仅是发展内容和技术，更重要的是提升用户体验。未来，短视频平台将会向用户提供更加符合他们需求和习惯的多维度内容，以及更加完善全面的互动体验，不断创新和突破传统障碍。同时，随着短视频技术的不断升级和硬件设备的不断优化，短视频与直播融合也将更加紧密，为用户带来更加直观而自由的互动体验和观影感受。在未来的发展中，短视频平台有望成为新型娱乐和知识消费方式，引领潮流，成为重要的内容营销渠道。

技术力量为短视频提供创新应用。技术的加速发展，也为短视频的发展提供了更加便捷、具有创新性的应用方式。首先是 AI 技术的应用。AI 技术与短视频的结合已经成为短视频领域的重大趋势。AI 技术对短视频进行处理后，可以提高视频质量，同时 AI 可以依靠视觉、声音、文本、用户行为等多方面的数据进行分析，识别和抽取更有价值的内容，提升短视频的质量和用户体验。例如，AI 可以通过视频分析技术自动剪辑出最精彩的画面，增加视频的内容吸引力。AI 还可以识别短视频中出现的商品品牌和场景，提供更加精准的推销方式，从而有效进行品牌推广。其次是 AR 和 VR 技术的运用。随着 VR 技术的发展，用户可以有更加沉浸式的观影体验。在短视频领域，AR 和 VR 技术的应用有无限可能。例如，AR 可以通过特殊效果为视频增加更多的个性元素，让视频更具互动性，更加吸引人。VR 技术也可以提供更加逼真的体验，可以使得短视频的观看体验更有趣、新鲜。最后，是更高层次的视频享受。高清视频的观看质量比之前的低分辨率视频更高，必将对用户体验有所提升，从而直接推动短视频质量的提升。高清视频的运用可以在短视频上提供更为清晰、真实的视觉效果，帮助提高短视频的观看质量和用户体验。总的来说，技术力量正在为短视频提供创新应用。随着技术的加速发展，短视频平台必然会不断推陈出新，在用户体验、运营管理和内容创新等方面不断进化。AI、AR 和 VR、高清视频等技术力量，将为短视频提供更多新的应用和可能性，从而在技术驱动下，持续推动短视频产业的快速发展。

　　商业模式也在悄然改变。未来，短视频的商业模式也将朝向创新和多元化的方向发展。未来，短视频将会与更多行业进行深入融合，并得到有效变现。首先，短视频将逐渐融入更多物联网领域，如智能家居、智慧城市等，为人们带来前所未有的智慧生活。例如，短视频与电商的合作模式将得到更好地应用。随着电商的发展，短视频在网上购物和营销战略中的作用更趋明显，包括广告展示、短视频直播销售、品牌宣传、客户服务、增加交互等方面。这将让电商平台更好地将产品销售给目标群体，并获得更多的流量和效益。其次，融合短视频创作与消费的社交一体化。将短视频的创作、传播和消费与社交一体化，可以让短视频成为一种更加精准定位的文化和社交产品，同时也更好地吸引用户。除此之外，短视频还将向更多行业领域扩展。例如，在旅游、教育、医疗、金融等领域，短视频创作和应用的形式将更便捷、更贴近用户需求。未来，随着短视频技术的不断提升，短视频商业模式的创新将更好地迎合用户需求，让更多的企业和品牌能够通过短视频平台实现品牌营销和传播效果。总之，短视频的商业模式也在不断变化的同时，正在向创新和多元化方向发展。未来，短视频将会与更多行业进行深入融合，并得到有效变现。同时，短视频还将向更多应用领域扩展，带来更加便捷、高效的体验。最终，这将助推短视频平台成为一种集娱乐、信息、社交和商业于一体的综合性平台，为用户带来更好的文化、互动体验。

　　除了多维度的内容体验和新型互动方式的应用外，短视频的未来发展将更具针对性地利用数据分析和挖掘技术，实现精细化的观众库建立和精准推荐，以及对消费者行为、看点反馈等数据的统计和分析，进一步提高用户满意度。利用数据分析技术，短视频平台可以通过对用户信息和观影行为的分析，建立更加精细化的观众库，并利用这些数据来进行短视频推荐。通过大数据分析技术筛选出受众喜好和需求，更好地满足用户个性化的需求，提高用户的观影体验和满意度，进而提高用户黏性和平台口碑。另外，短视频社交和内容质量也将成为短视频发展过程中的核心推动因素。短视频平台将继续推出创新性的社交策略，为用户提供更精细化、更人性化、更互动化的社交体验，不断提高用户忠诚度和社区活力。与此同时，内容质量方面的提升也是不可忽视的。优质的内容对于短视频平台来说至关重要。短视频平台需要加大对于影视制作方面的专业技能和素质的培养和引导，并提供更加合理的选材、剪辑、拍摄等各个方面的规则和标准化评价，不断提高整个行业的创作水平。这样的举措，不仅有益于短视频行业的健康发展，也更能够为用户提供更加优良的内容，提高用户整体观影体验。总之，未来短视频的发展趋势将会更加注重用户体验的全面提升和数据分析的深入应用，更加注重社交和内容质量的提高。透过数据的分析和整理，针对观众的需求提供更具针对性的精准化推荐，不断提升用户的观看体验和满意度。同时，在社交和内容质量方面持续创新、提高类目的独特性和优势，能够为整个短视频行业注入新的动能，引领整个产业的进步，为用户提供更优质的内容。

短视频行业的可持续、健康发展。短视频行业是近年来崛起的一种全新媒介形态，以其独特的吸引力和创新性，迅速吸引了大量用户和资源。短视频行业的发展，既是技术和商业模式的创新，也是文化和社会的变革。在这样一个背景下，短视频行业的可持续和健康发展，不仅是其自身发展的必然要求，也是社会和文化发展的重要组成部分，可以说，可持续发展和健康发展是短视频行业发展的基本前提。面对短视频行业的持续发展，我们必须要有充分的意识，不断提升媒体产出的文化价值，注重用户的数据隐私和安全保护，加强品牌建设的管理，不断提高从业者的自我管理意识，着眼于针对当下社会的问题，提出相应的创新解决方案。总之，短视频是一种全新的媒介形态，具有极大的创新和发展潜力。在未来，短视频将继续走向更加多元化和深度发展的道路，依托新型技术应用，在社交互动、商业经营等方面不断开拓和创新，在可持续和健康的发展中，跨越更多的领域，以更好地服务于社会和人类的需求。在这样一个趋势下，短视频在社会经济各方面都有了更加广泛的影响力。

在技术方面，随着 AI、VR、AR 等先进技术的不断崛起，很多过去本来不可能实现的梦想将渐成现实。这些技术虽然已经被应用在一些场景中，但是在将来，它们的应用前景依然是无限的。首先，在技术方面，随着人工智能技术的不断发展，短视频领域的技术也将得到新的普及和应用。AI 技术可以在数据分析、客户服务、智能推荐等方面帮助短视频平台提高服务质量和用户体验。除了 AI 技术，数据加密、管理、安全的技术也将得到广泛的应用，以保障个人隐私和信息安全。短视频领域将利用这些技术实现更多的发展和突破，使其成为数字经济发展的重要组成部分。另外，VR、AR 等新体验技术将成为短视频领域的又一重要引擎，为用户提供全新的沉浸式视觉体验，以及智能交互、数据感知等新颖体验。这些技术已经在一些领域得到应用，但在短视频领域的潜力仍然是巨大的。在未来，短视频平台将不断引入VR、AR 等新技术，以改善用户体验，并探索新的商业化模式，如 AR 高端品牌演示等。在商业化模式方面，短视频的商业化进程将会越来越深入，不仅仅是实现品牌推广、营销、客户回购等功能，更是与不同领域的产业紧密结合，实现互相促进，强强联合。首先，短视频平台可以拓展新的商业模式，例如内容分发、版权租售、托管制作、直播售卖等，进一步扩大商业营销渠道。其次，短视频平台与各行各业的企业、品牌、机构等合作，开展针对性的服务，构建可持续发展的商业生态。此外，短视频平台更多的社交功能也将推动其商业化程度的进一步提高，增强用户的参与度和互动性，让用户在观影过程中直接分享和交流，从而提高品牌的曝光度和用户转化率。未来，短视频平台的商业化方向鲜明，除了优化品牌营销策略外，还应加速进行新业务模式的探索，创造出更多高增长、多样化的产品和服务。

综上所述，短视频的发展趋势和未来方向是多元化、深度化、数据驱动和可持续的。在技术、社交、商业等方面，短视频将迎来更加广阔的发展空间。然而，短视频的健康发展需要全体从业者的努力和共同呵护，同时也需要社会的理解和支持，才能将短视频行业发展至更加优质、多元化、稳健的方向。未来短视频的发展充满了机遇和挑战，深入挖掘其潜力是必然的选择，需要不断地推陈出新，融合新的技术和创意，开创新的应用场景，为行业带来更多的惊喜和创新，同时也为用户提供更好的服务和体验。随着技术不断的进步与升级，融合更多机器学习、深度学习等智能算法，短视频将更好地服务于我们的生活与工作，有望创造更多的社会价值和商业价值。

在短视频的未来发展中，应该更加注重内容质量和精神内涵，在电子商务、广告营销、品牌推广、社交社区、文化传承等方面进行一系列全链条的创新。未来短视频的发展方向也需要行业的推动和调整，多方面协作合作，如此方可真正实现这一领域的创新与进步。

3.2 短视频的视觉语言和叙事表现

3.2.1 短视频的视觉特征和表现方式

短视频作为一种新兴媒体形式，其视觉特征和表现方式是影响短视频内容 IP 打造和传播效果的重要因素。短视频内容需要具有易懂易记、节奏明快的视觉特征和表现方式，要能够突破传统的传播形式，引起用户的共鸣，从而提高内容的营销和推广效果，让内容更具有吸引力。

视觉特征。视觉特征通常是从内容主题出发进行精选的，包括视觉美与想象力、时刻呈现、节奏与感官等方面。

（1）视觉美与想象力。视觉美与想象力是指在短视频制作中使用的画面、表现手法等，可以吸引用户的注意力。这一特征对于不同主题的短视频有不同的适用方式。例如，在旅游短视频中，可以运用特殊的超时滤镜、实景拍摄、动态时间轴等来体现美景、景观和历史文化；而有些短视频可以使用精美的配乐、多角度跟踪拍摄等令人眼前一亮的展示方式，来增强内容的吸引力和可观赏性。

（2）时刻呈现。时刻呈现是指在短视频中使用的时间效果，例如快进、加速、减速等，可以有助于快速传达内容信息。时刻呈现的创新与运用，能够让短视频更好地突出故事情节和主题，促使用户关注短视频的内容。此外，时间效果的应用方式也有所不同。例如，在创意广告短视频中，动态长镜头可以让用户逐渐接收信息，让短视频在营销方面发挥更好的作用；在时尚短视频中，快进、加速、减速效果可以将商品的卖点在短时间内凸显出来，增强用户的购买欲望。

（3）节奏与感官。节奏与感官是指短视频制作中使用的音乐、声音、节奏等，可以加强视听感受，提升用户体验。节奏是让短视频有节奏感的表现方式，可以以一定的速度将完整的信息传达给用户，提升用户的观看体验。声音则是让短视频有情感表达的方式，可以将信息传达给用户，并让用户更好地感受到短视频的情感渗透。例如，在广告短视频中，通过配合优美曲调的音乐或响应度高的声音，将产品的卖点与情感进行深度结合，让用户更容易产生购买欲望；在剧情短视频中，配合紧凑的节奏、悲伤的音乐和痛苦的声音，刻画主角的心路历程，引发用户的共鸣。

表现方式。除了视觉特征，短视频的表现方式也很重要。短视频的表现方式丰富多样，从图像的层面来看，可以通过快速剪辑、切换和转换画面效果，增加节奏感，让观众更有代入感。从声音的层面来看，可以选择恰当的音乐、配音、音效等，来增强内容的表达效果。

（1）图像化表现方式。图像化表现方式是指将短视频的主题以图像的形式来呈现，采用剪辑和融合等手法来表现出一个游戏化、影像化的效果。这一表现方式能够吸引用户的注意力，让用户更容易接受和记住短视频的内容。例如，在非广告短视频中，可以使用简单的图标、精美字体、竖屏拍摄等，营造一种别致的短视频风格；而在广告短视频中，则可以通过在短视频中加入 QR 码、直接购物链接等方式，让用户直接购买商品。

（2）剪辑表现方式。剪辑表现方式是指使用剪辑的方式，将多个画面进行组合拼接，减少卡顿和缝隙，这一表现方式对于讲述性强、叙述内容深入人心、易于商业化的短视频比较适用。例如，在宣传产品时，可以通过有效的剪辑和转场，突出产品收购的优势和亮点。

（3）VR表现方式。VR表现方式是指使用虚拟现实技术，将短视频的画面更加逼真和立体化，让用户完全融入其中。这一表现方式对于场景复杂、现实感强的短视频比较适用。例如，在教育类短视频中，可以使用VR技术，让学生在不同的场景中学习和体验，增强学习的真实感。

色彩应用。除了视觉特征和表现方式，色彩的应用在短视频制作中也是非常重要的。色彩是影响视觉效果和观众情感的关键因素之一。在短视频中，色彩的运用可以改变画面的感觉和情境，进一步提升视频的内容表达效果，帮助它凸显出更加丰富的视觉特征。例如，对于营销类型的短视频，可以采用鲜艳的色彩，以增强观众对产品的印象；而对于一些比较严肃和情感比较丰富的短视频，可以选择一些操作简单的色彩方案来进行制作。

短视频的视觉特征和表现方式、色彩的应用等都是短视频打造的重要因素。在短视频制作过程中，我们需要选择合适的视觉特征和表现方式，切中目标受众的痛点，突出短视频的主题和价值；同时，运用好色彩的特点和表现方式，让短视频在视觉传达效果和情感表达上更具有标识性和影响力，从而更好地吸引用户的注意力，传递主题信息，达到营销宣传和内容传播的目的。在未来的短视频制作和内容IP打造中，视觉特征、表现方式和色彩的应用将会更加重要，需要制作者们不断探索和创新，在自身的创意和思想上不断引领行业的发展，给用户带来更好的内容体验和更高的观看价值。

此外，为了让短视频产业更为成功，也需要将内容与营销结合起来，从而更好地推广和传播短视频内容。传统的营销手法之外，现今更注重社交媒体营销等，可以通过网络口碑的方式，提高短视频的曝光率和传播力，让更多的人关注短视频的内容和主题，从而达到品牌营销的目标。

综上所述，短视频的视觉特征、表现方式和色彩应用是成功制作短视频的重要因素。创作者和行业相关人员应该注重视觉特征和表现方式的创新，创作出具有观赏价值和影响力的短视频作品。同时，也要注重内容质量和道德底线，在符合社会和道德规范的前提下，创新视觉表现方式，传递积极正向的价值观和文化力量。通过持续的创新和努力，短视频制作和内容 IP 打造的未来发展将更加广阔，将为数字文化的创新发展和行业的健康发展作出更大的贡献。

3.2.2 短视频的叙事结构和表达手法

短视频是一种新媒体形式，其时间短、内容简洁、创新性强的特点，为其在艺术表达和叙事方面提出更高的要求。短视频的叙事结构和表达手法，是制作一部成功的短视频过程中必不可少的一部分。在短视频中，叙事结构是指影片中的故事情节，而表达手法则是指艺术家用来展示故事情节的手段或艺术语言，两者相互支撑，共同构成一个充满张力和感染力的短视频。

叙事结构的构建。在短视频的叙事结构构建过程中，需要围绕故事展开创作。故事是所有短视频的核心，所以必须要注重故事本身的创造性和逻辑性，以便让观众更好地理解和接收视频中的信息。对于短视频的叙事结构，通常需要考虑以下几个因素：

剧情起承转合的安排。短视频是以时间为限制的，因此需要在总时长内尽可能展现故事情节的起承转合，扣住观众的心，吸引他们持续关注。通过巧妙排列，才可以把故事情节更好地传递给观众，引起他们的兴趣和情感上的关注。一部成功的短视频，需要有一个清晰的叙事主线，通过在总时长内尽可能展现故事情节的起承转合，让观众能够迅速地理解故事的脉络，深入剧情当中，从而产生情感共鸣。在剧情起承转合的安排过程中，首先需要安排好短视频的开始，开始部分需要能够迅速地调动观众的视觉和听觉感官，引起他们的好奇心和兴趣。接下来，短视频需要逐渐、自然地推进情节，要注意不要让故事设置过于简单，使得观众没有期待。高潮部分是短视频结构中最重要的部分，需要注重节奏的安排，进行音乐和画面的搭配。视觉重点的营造。视觉重点是任何一个短视频中都需要考虑的因素，通过设立不同的视觉元素和焦点，在最短时间内吸引观众的注意，及时地传递故事情节的转折和发展。

除了剧情起承转合外，故事结构的层次感也是短视频制作中的重要因素之一。故事结构的层次感。故事结构的层次感是指把故事情节按照时间、地点、人物行动等因素展开的层次性。通过巧妙结合不同因素的线索和细节，增强故事情节的层次感，吸引观众的注意力。通过合理的线索切换和细节展现，制作者可以有效地体现故事的层次感。观众可以看到一个故事的不同层面，感受到故事情节的深度，产生更多的情感共鸣。

结局的选择。在短视频的结局中，制作者可以选择故事性的都市传说、实用的知识科普或者具有意义的社会营销，以达到最真实和积极的效果。无论是什么类型的结局，都应该符合整个视频的节奏和风格，尽量与视频主题一致。

表达手法的运用。除了故事情节的展示，表达手法也是短视频制作中不可或缺的一部分。创作者需要借助表现手法来传递故事情节中的情绪和感受。以下是一些常见的表达手法：

画面运用。画面是短视频中最直观的表现手法，画面如何设计，对于观众的视觉感受及其对故事情节的理解至关重要。在画面运用方面，首先，要注重色彩塑造和视觉冲击。色彩是画面的灵魂所在，可以通过不同的色彩组合，如冷暖、生硬和柔和等对比效果，呈现出独特的气氛。同时，通过不同的镜头技巧和动态图像调整，来实现画面中情感表达和叙事主题。其次，在构思画面时，制作者需要谨慎地选择不同的画面类型并巧妙地使用它们，来增加画面的多样性并达到目的。例如，全景镜头的使用可以呈现大场面、较广泛的场景；中景镜头可以更好地突出主题景点和人物镜头并进一步突出人物的性格和情感表达。此外，还可以采用独特甚至颠覆性的画面设计手法，来吸引观众的注意力。

音乐增强。音乐对于短视频来说，是一个非常重要的表现手法。旋律和歌词具有很强的内容表现力，制作者可以结合故事情节和感受，选取适合的音乐片段来配合情节的转化和起伏。音乐和画面紧密结合可以为短视频注入新的视觉和听觉体验。在音乐和画面的结合过程中，需要考虑音乐与情境的相容性和关联性，以便传递出合适的情感效果。除此之外，音乐片段的渐变和切换也是一个需要注意的问题。在渐变时，应注意音乐节奏和音量的变化，以达到不同阶段情感的升华。在切换时，应注意音乐与情境之间的关联，在不同的场景下选取不同的音乐，以便达到情感表达和叙事主题的呈现。

语言表达。语言表达通常可以通过配音、字幕等多种方式表现出来。对于不同的叙事情节，制作者需要选择适合的语言表达方式，突出重点，有效传达信息。采用恰当而精准的语言表达方式，可以使故事情节更加生动，让观众更容易理解和接受。当然，对于不同的观众群体，锁定适合的语言风格也是非常重要的，这样才能给不同的观众带来适合他们口味的短视频作品。以年轻人为例，他们喜欢幽默、吸引眼球的语言表达方式，创作者可以从观众兴趣爱好中获取灵感，来制作更有趣、生动的短视频。

影像特效。影像特效是短视频制作中非常重要的表现手法之一，它可以为短视频增添更多的感染力，同时为观众带来多样化的视觉体验。常用的影像特效有镜像、旋转、渐变、色彩变幻等。影像特效通过独特的创意和运用，能够为短视频表达增添感染力。在使用影像特效的时候，我们要注意遵循"少即是多"的原则，不仅要突出视觉效果，还要与情节相统一，为观众带来更好的观看体验。例如，制作者可以通过简单的特效、变换画面或自动聚焦等方式来呈现节奏变化和情感高潮，同时也可以通过如修改亮度的方式来呈现情感的不同层面。

短视频作为一种新兴的创作方式，表现手法的运用非常关键。制作者需要在画面、音乐、所用语言和影像特效等各个方面下功夫，才能将故事情节和情感表达呈现得淋漓尽致。在创作的过程中，需要多尝试、多思考，开拓创意思维，不断提高自己的创新水平和能力。

综上所述，短视频的叙事结构和表达手法，是制作一部成功短视频必不可少的创作过程。创作者在制作短视频的过程当中，需要合理考虑故事本身、画面、音乐、语言、特效等方面，构建出具有富有表现力的视听效果。只有将这些方面充分融入到叙事结构和表达手法的创作当中，才能制作出具有高度艺术价值和感染力的短视频作品，从而在内容 IP 打造和短视频制作中获取更多的效益。

3.3 短视频的制作流程和技术要点

3.3.1 短视频的制作过程和步骤

短视频作为一种新型媒体形式，越来越受到人们的关注和喜爱。其篇幅短小精悍、内容生动有趣、表现方式多样化，加之其特有的传播力，使短视频成为了现代营销和推广的重要工具之一。那么，作为创作者或者从业人员，如何制作出高品质的短视频呢？下面就给大家介绍短视频的制作过程和步骤。

短视频的制作过程大致可以分为策划、拍摄、后期制作等几个步骤。每个步骤都有其特殊的要求和技巧，下面就具体分析一下。

（1）策划。短视频的策划是制作前的重要准备工作，它决定了整个视频的方向、内容、动机以及受众群体，需要以精准的分析为基础，包括以下几个环节。

确定主题。在确定之前，应做好相应的市场研究和竞品分析，了解市场上的热点话题。如果是商业或者品牌宣传的短视频，需要确定主题和产品或服务的相关性，以更好地展现产品的特色和竞争优势。

确定情节。情节的设置要和主题相匹配，且富有逻辑性和合理性，不能过于紧凑或冗长，而是要以线性或逆转的方式来表现主题。可根据市场需求和用户类别来作出调整，保证短视频的表现效果。

撰写剧本。根据主题和情节，用最生动有趣的方式编写出一份剧本。在编写剧本时，需要注意细节上的描绘，字符和摄影的设置，文字表述以及秩序和思考方式。

查找素材。在制作短视频时，图像创作者可以使用有版权的图像和视频素材，来丰富短视频的画面和效果。文字作者可以借用相关的参考资料，进行信息收集和剪辑。

（2）拍摄。公共场所是较常见的拍摄场所，如城市街道、公园等。当然，如果拍摄的是商品或者产品，可以在企业内部或专门拍摄场所进行拍摄。在拍摄过程中，一定要注意周围的环境，同时要用手持设备或相机来拍摄画面，确保画面稳定清晰。

（3）后期制作。在后期制作过程中，需要进行素材剪辑、配乐等处理，同时进行各种特效的添加和文本的插入，使视频更加丰富有趣。

配音。要根据前面制作的剧本和视频画面进行配音，适当安排音乐等音频元素，使得视频的声音更加逼真。

后期处理。①调整画面色彩。在编辑过程中，可以对图像进行涵盖饱和度、明亮度、对比度等方面的调整，使得画面更加饱满、色彩更加鲜艳。在调整时，对每一帧画面都要进行严格的审查和调整，确保整个短视频画面色彩的一致性和和谐性。②添加特效。在后期制作中，可以添加各种特效，例如缩放、分割屏、特殊过渡等，提升短视频的观赏性。通过添加特效，可以使画面更具动感和节奏，让观众更加投入。③剪辑。剪辑是后期处理中的重要环节，可以选择最佳素材及特效，将不必要的部分删减掉，提高视频的质量。在剪辑时，需要严格控制视频的长度和节奏，保证整个视频的流畅性和连贯性。④效果处理。在后期处理环节，还需要对短视频的音视频素材进行非线性处理，如过渡、矫正、镜头矫正等，提升视频的质量和观赏性。此外，还可以通过添加字幕等元素来突出视频的主旨，提高视频的口碑和传播效果。

以上是短视频的制作过程和步骤的详细解析，需要注意的是，每个环节都需要创作者或从业人员具备相关的技能和经验，才能够制作出高质量的短视频。短视频制作既是一门艺术，也是一门科学，需要创作者在不断实践中进行不断探索和创新，才能够在竞争激烈的市场中立于不败之地。

3.3.2 短视频制作的技术要点

短视频制作的技术要点和工具应用是短视频制作中不可或缺的环节，也是影响短视频制作质量和效果的重要因素。下文将针对短视频的技术要点和工具应用进行详细解析，帮助读者更好地理解和掌握短视频的制作技术。

首先，是短视频的技术要点。短视频的技术要点主要包括以下内容。

剪辑技巧。剪辑是短视频制作过程中一个重要、敏感的环节。通过剪辑，我们可以将素材进行剪裁、排列、转移等操作，以获取更丰富的创意和更佳的视觉效果。为了达到优秀的剪辑效果，以下是几个值得关注的重点：

固定场景动作：为了保证连贯性和自然性，在摄制过程中避免过多的对镜、运镜或转移，多一些统一的运镜；色调或滤镜的统一：统一的色调可以为短视频的整体风格增加协调性；情节和音效的呼应：短视频中的情节和音效应该相互支持，使其有机联系，从而增强观众的体验和氛围感；节奏和节目跳转的统一：为了使短视频更有节奏感和紧凑性，需要对节目的跳转和转换进行统一的布局和编排。

其次，是音效和配乐。音效和配乐是短视频制作中不可或缺的要素。音效和音乐可以为短视频增添色彩和情感，从而使观众产生共鸣。①明确情感预期。在选择音效和音乐时，需要着重考虑情感预期，以达到更好的配合效果。如果短视频的场景是一个浪漫的婚礼，那么选择一个轻柔、优美的音乐会更好，而如果场景是一场跌宕起伏的战斗，那么选择更加动感、激烈的音乐会让短视频更加引人注目。②定位时机。选择恰当的时机添加音效和音乐，以符合画面的情感表达，使短视频更加有冲击力。③混音技巧。混音技巧可以处理声音的响度、音调、节奏等，以达到最好的效果。音效和音乐可以增加短视频的质感和色彩，例如转场时的鸟鸣声、下雨声等可以搭配不同的音乐，使短视频更加细致。④根据视频剪辑来调整音效和音乐。音效和音乐的强度和长度需要与短视频中的画面剪辑相匹配，来提高视觉呈现的可信度。

再次，字幕也是短视频制作中重要的环节之一。字幕可以增加短视频的沟通效果。①选择合适的字体是制作字幕的第一步。合适的字体可以提升短视频的整体美感程度，同时也需要注意字体大小和字间距，避免使用过小或过大的字体，以影响视觉体验。此外，对于不同类型的短视频，需要根据风格特点进行不同的字体选择。如对于搞笑的短视频，可以选择更加形象化的字体，以带来更多的趣味性，而对于正式的商业宣传视频，则需要选择比较正式、简练、大方的字体。②在选择字幕颜色时，建议使用透明、不抢焦的单色纯色，以减少对整体画面的干扰，并确保字幕能够清晰易读。③与画面的整体风格、规模、背景、色彩等相协调，使字幕与整个视频形成一体，提高视觉美感的综合效果。④字幕的内容是制作短视频时非常重要的一个环节。字幕的内容应与画面的节奏相匹配，形成一个完整的故事体系，吸引观众，突出重点。在字幕内容方面，需要注意字数和间隔的平衡，关键字汇总可以加粗，突出概念重点，吸引观众的注意力。字幕的内容应贴近用户需求与价值观，想办法引导用户产生共鸣，切实提高视频的传播效果。

从次，是动画和特效。动画和特效是短视频制作中创意和技巧的核心之一。通过适当的动画和特效的添加，可以为短视频带来更好的视觉效果和创意，从而使其更具吸引力和观赏性。①动画和特效需要利用专业的制作工具和软件，如 Unity 3D、Maya 和 After Effects 等。这些工具和软件可以帮助短视频创作人员制作视觉效果和特效，从而提升短视频艺术水平。制作人员需要熟练掌握这些工具和软件的特性和操作方法，以实现高质量、高效率的视频制作。②动画和特效需要有创意。为了能够制作出有吸引力的动画和特效，创作人员需要有一定的艺术和设计技能。这包括对色彩、形状、画面构成的把握，对剧情、音乐和声音变化的掌握，通过艺术手段来传达出视频的主题和特色。③动画和特效需要与整个视频的叙事和氛围相结合。动画和特效不仅要具备可欣赏性，更要与整个视频的叙事和氛围相结合，为视频带来更多的趣味性、戏剧性和情感性。这需要制作人员根据视频的整体主题和目标，对动画和特效的设计进行恰当的改变和调整。④动画和特效需要具有版本控制和测试环节的支持。在制作动画和特效的过程中，需要对软件版本进行控制，确保各个版本之间的一致性和协同性，并进行测试、迭代优化。这可以确保视频中的动画和特效质量达到标准，同时节省制作成本和时间。

最后，合理调整画面比例。在短视频播放过程中，观众的视线通常处于移动状态，为了抓住观众的注意力，合理的画面比例一方面足够吸引人，另一方面也必须足够适配移动平台。根据不同的平台和观众习惯，调整画面比例可以实现更佳的视觉体验。以两种流行的短视频比例为例：①8∶10或9∶16的较长的纵向比例。这种比例更符合用户在移动端观看视频的习惯，实现更好的垂直视觉体验。②有的视频平台也采用了9∶16的较长的纵向比例，但是它还可以根据Vlog、微电影等不同内容的特点，选择不同的画面比例，达到最佳的观看效果。

另外，要注意画面的稳定性。画面的稳定性非常重要，任何细微的晃动都会影响到观众的视觉效果。为了保持画面的稳定性，制作者在拍摄过程中可以使用一些稳定设备，如轨道质感滑轨、稳定器、三脚架等，以强调影片的稳定性和控制拍摄范围，避免出现摇晃等情况。同时，光线和背景的设置也是画面稳定的关键因素之一。一般来说，光线明亮度越高，图像稳定性越高，光线如果过暗，容易导致画面因镜头误差或其他因素出现摇晃现象。而背景颜色的选择也很重要，需要充分考虑场地、拍摄对象、背景材质等因素，以保证影片拍摄的稳定性和质量。

总体来说，短视频制作人员需要在创作过程中不断实践和钻研，寻找适合自己的方法和技巧，加强细节编辑，提高创意和技术的结合度，不断汲取优秀的作品的经验和灵感，不断精益求精。再结合一定的营销运作，方可以促进作品的传播，更好地吸引目标受众的注意。

3.3.3 短视频制度的常用工具

短视频是一种以短小、精练的形式来传递信息和表达创意的视频形式。在当前备受欢迎的视频制作中，短视频由于其体量小、制作周期短、观众容易接受等优势，已成为众多制作领域的主要制作形式之一。在制作短视频时，使用合适的工具和应用程序可以极大地提高制作效率和质量。下面将介绍短视频制作中常用的一些工具和应用。

（1）剪辑软件。剪辑软件是短视频制作不可或缺的工具，它们包括众多的编辑、剪辑和特效处理功能。主要功能包括视频剪切、加速、减速、音视频叠加等操作。剪辑软件能够满足不同制作者的需求，为视频制作提供强大的功能和工具。常见的剪辑软件有 Premiere Pro、Final Cut Pro、iMovie、Sony Vegas 等，这些软件都依赖于不同的操作系统。Premiere Pro 是应用最广泛的专业级视频剪辑软件之一。它是 Adobe 公司出品的软件，可以进行专业的视频剪切和后期效果处理。它不仅支持多种视频格式，还有超过 1500 种不同的特效和过渡效果，可以为用户提供更多的选择；它更是与其他工具集成无缝，如 Adobe After Effects 等，允许用户通过一个统一的平台进行更为专业的视频制作。

Final Cut Pro 则是 MacOS 上最常用的剪辑软件。与 Premiere Pro 类似，Final Cut Pro 可以支持不同的视频格式，并提供了丰富的颜色调整和文字、音效等多种编辑功能。它同时还支持 360° 视频和 VR 视频的编辑，使其成为一款专业级的视频编辑软件。Power Director 和 Filmora Go 都可以为用户提供简单的视频编辑和特效功能。Power Director 是领先的 Android 平台上的视频编辑软件，包括许多易于使用的灵活的工具。它包括一个独特的 AI 视频编辑器，使其成为最易于使用的视频编辑工具之一。Filmora Go 则是领先的 iOS 平台上的视频编辑软件。它包括许多基本编辑工具，甚至可以导入和编辑 4K 分辨率的视频。此外，Filmora Go 还包括数千种过渡和特效，可以为视频添加独特的风格和动态效果。

（2）配乐软件。配乐软件可以帮助短视频制作者在视频中添加音乐，这点尤为重要。他们包括众多音乐素材库和编辑功能。这些软件都提供了海量的音乐，可以方便地添加到短视频中，而且还具有合成、剪辑、混音等多种处理功能，可以协助制作者实现音乐与画面的完美结合。常见的配乐软件包括 Artlist、Epidemic Sound 等。Artlist 和 Epidemic Sound 这两个应用都拥有巨大的音乐库，短视频作者可以在这两个平台上查找音乐和声音片段。它们软件都提供了无版权限制的音乐和音效，使得短视频作者无须为使用音乐付费或担心侵权问题。此外，这两个平台也提供了不同类型和情感的音乐，使得短视频作者可以更好地匹配音乐和视频的风格。Envato Elements 是一个让用户可以在其音乐素材库中寻找适合自己视频的音乐的平台。Envato Elements 库中的音乐非常广泛，涵盖了许多类型和情感。平台还为用户提供了不同长度的音乐和循环音效，使短视频作者可以根据视频长度，或者情感变化添加恰当的音乐。以上这三个配乐软件都提供相似的音乐剪辑和编辑功能，包括剪切、混音、音符、音调、鼓点等音乐编辑功能。这些工具可以帮助制作者将音乐的长度和节奏与画面匹配，完成更好的音乐效果和视频剪辑效果。其中，Artlist 和 Epidemic Sound 还提供了可以直接从应用内录制受保护声音的功能，简化了短视频编辑过程，为手机用户带来了更多便利。

（3）特效软件。特效软件是短视频制作的重要工具，可以在视频制作中实现各种特效的添加和处理，提高视频的观赏性。特效软件包括 AE（After Effects）等，这些软件提供了众多的特效模板和工具，能够实现各种炫酷的特效效果。AE 是由 Adobe 开发的软件，是用于制作动态图形和视觉效果的数字合成和动画软件。它被广泛应用于制作静态和动态显示图像、三维动画、游戏等。AE 拥有各种各样的特效模板和插件，可以满足制作者的不同需求，包括简单的过渡和特效以及高级的 3D 模型制作和粒子效果。NUKE 是由 The Foundry 公司研发的一款数码节点式合成软件，它拥有先进的将最终视觉效果与电影电视的其余部分无缝结合的能力。NUKE 主要用于数字合成、特效和 3D 场景制作等方面。NUKE 满足各种规模和需求的制作，从广告拍摄，电视剧、电影制作到虚拟现实等领域都有广泛的应用。除了这两个主流的特效软件，还有一些其他的特效软件也非常实用。比如 Hitfilm，它是一款功能强大的视频编辑软件和特效软件，是一款适合初学者使用的全能级别软件。Hitfilm 提供了支持各种视频格式的视频编辑和音效编辑工具，具有丰富的特效和过渡效果，可以让初学者快速入门。此外，Blender 也是一个开源的 3D 建模和渲染工具，其功能也非常强大。它可以用于创建 3D 动画和 VFX 特效，包括粒子模拟、物理模拟、渲染、组合等所有步骤。

（4）字幕软件。字幕是视频中重要的一部分。为了让观众更好理解视频内容、加深记忆，短视频制作者可以通过字幕软件为视频添加文字说明和注释。字幕软件能够提供高质量、多样化的字幕选项，帮助制作者实现文字效果的优化。Adobe Premiere Pro 是一款常用的视频编辑软件，也包括了强大的字幕编辑器功能。用户可以将字幕转换为文本，编辑文本并将其放置在视频中的任意位置。此外，Premiere Pro 还提供了许多不同风格和样式的字幕预设，可以满足不同类型视频的需要。通过 Premiere Pro 的字幕编辑器，用户可以轻松添加字幕，并快速地调整文字位置、字体、颜色等。Final Cut Pro 是一款 MacOs 上常用的视频编辑软件，其字幕编辑功能也非常强大。它允许用户创建多行字幕，支持不同字体、颜色以及背景设置，具有丰富的视觉与应用互动效果。对于多语言字幕编辑，Final Cut Pro 也提供了快速翻译和快速转换文本的功能。iMovie 是一个适用于 MacOS 和 iOS 的简单易用的视频编辑软件。它虽然相对于其他软件来说功能稍弱，但其字幕编辑功能非常强大、简便。用户可以通过选定预设字幕样式，然后轻松添加字幕和使用定制字体。用户还可以自动添加字幕，让其与视频内容有更紧密的联系。

（5）模板软件。模板软件提供了多种模板，包括品牌推广、旅行、美容时尚等不同风格的模板。使用模板可以提高制作效率、提高视频质量，并减少视频制作中的不必要错误。Canva 的模板应用于社交媒体、海报等不同领域。除了已经具有的预设模板之外，用户还可以通过 Canva 创建自己的模板或设计元素。Canva 的模板被广泛应用于不同风格的设计和品牌推广的短视频中。虽然 Canva 主要被用于图像设计，但其矢量图形和图标也可以用于视频制作。Piktochart 和 Visme 也是两个在互联网上广泛使用的设计工具，它们的功能非常类似于 Canva，它们也提供图表、绘图模板和其他元素。这些模板和元素可以帮助制作者快速完成复杂的制作过程。Piktochart 和 Visme 还提供了图像库，用户可以使用这些图像来完善他们的视频素材，从而增加视频的吸引力。随着短视频的盛行，模板软件越来越受到短视频制作者的欢迎。这些模板软件不仅能够提高制作效率，还可以提高视频的质量。制作人员可以选择适合自己的模板，将自己的创意和想法与模板进行结合，从而更好地表达短视频的主题和视觉风格。

（6）颜色分级软件。颜色分级软件是用于颜色校正的专业软件，能够改变视频的色调和色彩搭配，提高视频的表现力和逼真感。颜色分级软件常用于电影和电视制作中，现在越来越多的短视频制作者也开始使用它们来提高视频的质量。DaVinci Resolve 是业内最受欢迎的视频调色软件之一，它具有强大的颜色分级编辑和颜色校正功能。它可以支持各种格式的视频，并且包括多种颜色校正工具，如三维轴、光圈和分层等。软件的编码器可以保证处理 4K 和 8K 分辨率的视频序列的快速性，使其成为制作高质量视频的必备工具。除此之外，Adobe Premiere Pro 也提供了基础的色彩调整功能。Premiere Pro 除了具有视频编辑的一般功能以外，还具备了许多色彩调整的工具和特效。包括了曝光、对比度调整、颜色滤镜和色度调整等功能。这些工具可以让用户实现更好的色彩校正，为短视频提高品质。Final Cut Pro 是 MacOS 上最常用的剪辑软件，与 Premiere Pro 类似，它也提供基础的颜色调整工具。Final Cut Pro 中包括了直方图、对比度、曝光、饱和和颜色平衡等基本功能。此外，在后期制作过程中，可以为视频添加不同的过渡和调色方案，使视频颜色更加鲜明。

在使用颜色分级软件时，色彩校正需要根据个人需求来进行操作，例如可以改变对比度、亮度、饱和度和色调等。操作过程中还需要注意各种基础数值和逻辑，以确保最终的视频效果符合预期。对于初学者来说，DaVinci Resolve 是一款很值得尝试的软件，因为它提供了大量的视频调色和校正工具，以及丰富的分配模式和使用教程，可以帮助他们快速适应这个软件的使用。

短视频的制作过程中需要充分结合技术要点和工具应用，通过不同技术和工具的组合和应用，制作出具有高质量、高影响力的短视频作品。制作者需要不断学习新的技术和工具，不断提高短视频制作技术，才能在激烈的市场竞争中不断拓展自己，并不断提高短视频制作质量和影响力，从而使自己在短视频制作领域获得更大的成功。

此外，短视频制作者需要深刻理解观众的需求和心理，不断挖掘观众的兴趣点，创造出适合不同观众群体的短视频内容。制作者需要精心策划，善于抓住契机，通过新颖的视角、炫酷的特效、有趣的情节和优美的配乐等方式，吸引受众的注意力，提高视频的传播效果。

综上所述，短视频的技术要点和工具应用是影响短视频制作质量和效果的重要因素，制作者需要针对不同的视频主题和目标受众，选择和应用不同的工具和技术，充分发挥各种技术的优势，创作优质的短视频作品。在制作过程中，制作者需要保持创新和进取精神，不断学习和探索新的技术和工具，提升自己的制作水平，以更好地应对激烈的市场竞争，赢得更多观众的青睐。

第四章 短视频制作的创新方式

4.1 短视频的创新形式和表现

4.1.1 短视频的创意和媒介的融合

短视频的创意和媒介的融合是短视频制作中不可或缺的组成部分，也是短视频能够获得成功的关键因素之一。下文将围绕短视频的创意和媒介融合这一话题进行详细解析，让读者深入理解和掌握短视频的创意和媒介融合技巧。

短视频中创意的重要性。创意是短视频制作的灵魂和核心，是吸引观众和提高影响力的重要手段。创意涵盖了短视频的主题、情感、表现手法等方面，是短视频制作者借助媒介实现艺术创作的核心要素。

如何实现创意呢？首先，思考创意。创意是短视频制作的核心所在，它可以表现在视觉、情感、个性、主题等方面。在创意创作的过程中，短视频制作者们需要时刻关注受众的需求，理解观众的需要，构思出更能引起观众共鸣的短视频创意。①短视频制作者应当时刻保持对目标受众的关注。目标受众是制作短视频的重要因素之一，因为短视频的成功与否与目标受众是否被吸引有很大关系。为此，制作者需要进行充分的市场研究，了解目标受众的需求和偏好，从而为他们提供更有针对性的产品。制作者们可以通过观察受众分享和评论的视频内容，了解他们的兴趣爱好、需求等，进而为受众量身定做创意构想。②短视频制作者需要用自己的视角去观察事物，并在此基础上提出自己的创意。对于短视频制作者来说，要想做出有创意的短视频，就需要具备一定程度的解构和创新能力。这不仅需要创作者有独到的想法，还需要创作者具备批判性思维和逻辑能力。在思考创意时，制作者需要从不同的角度出发，通过具体案例、对比分析等手段来理解、发现、提炼素材和创意的亮点，从而构思出具有个性和创新性的短视频创意。③制作者需要不断完善短视频的构想，以使其更符合市场和观众的需求。制作者在构思短视频创意时，需要及时收集观众的反馈和评价。制作者可以通过访谈和分析观看量、分享量等手段来获取观众的反馈，进一步了解自己的工作内容是否符合受众的审美标准。如果出现问题，制作者需要及时调整短视频构思，以适应市场需求和观众的喜好。

其次，寻找灵感。灵感可能来自于生活中的所见所闻，也可能源自于其他的艺术形式或其他的短视频作品等。短视频制作者可以从日常生活中的所见所闻中寻找灵感。但是，要想进行深度思考并获取新的创意，短视频制作者需要用不同的眼光去观察生活。除了观察，短视频制作者也可通过文化创意整合，融合历史文化、文艺作品、音乐评析等多种艺术领域的思维，从中汲取灵感。①短视频制作者需要保持敏锐的观察力和洞察力。观察能力是每个制作者都需要拥有的重要素质。短视频制作者要想在生活中寻找灵感，就需要具备敏锐的观察力。这意味着他们需要从不同的角度、不同的场景、不同的角色中观察到一些特殊的地方。制作者需要集中精神观察周围的环境，发现人们所热衷的活动，仔细观察物品和人物之间的联系，从中提炼出自己的创意。②在寻找灵感的过程中，制作者需要有深入的思考和分析。这需要耗费时间和精力，因为短视频制作者需要从看似杂乱无序的信息中，找出适合自己的灵感，并进行深入分析。制作者需要思考这些信息的背后有何深意和价值观，这有助于他们在创作过程中更深入地理解和传递信息，准确地表达自己的观点和创意。③短视频制作者也可以通过文化创意整合来寻找灵感。将不同领域的文化和技术在自己的短视频中结合起来，不仅能够为观众提供新的视觉和消费体验，还可以激发具有创意的想象力。例如，制作者可以将历史、文学、艺术等多种文化元素融入短视频中，通过对历史的解读、艺术形式的表达、文学作品的重现等手段，实现创意的文化整合，给观众带来深入的文化共鸣和智力刺激。

短视频制作者在寻找灵感的过程中，可以通过动手实践、添加色彩、参与研讨会等多种手段来寻找创意。在短视频制作中寻找灵感是一个不断学习和尝试的过程，需要短视频制作者抱着开放、勇于尝试、不断挑战的心态进行探索。短视频制作者们应该不断地发掘自己的强项，提高自己的观察力和创造力，不断创新和突破自己，自我激励，探索创作更好的短视频作品。

在制作短视频时，素材的筛选是一个非常关键的环节。从海量的素材中选择出最适合自己的素材，有助于优化短视频的创意和效果。为了有效地筛选素材，短视频制作者可以通过网络、社交媒体、短视频平台等渠道获取各种素材。在筛选素材的同时，还需要深度挖掘素材的亮点和价值，从而更好地表达视频的主题和情感。①短视频制作者可以通过网络挖掘各种素材。在互联网的世界里，海量的素材等待着短视频制作者们去挖掘。制作者可以通过搜索引擎、社交媒体、影视网站等多种渠道搜索相应的素材，不断地寻找并筛选出最优质、最适合的素材。选择适当的关键词能够缩小搜索范围，从而更快捷地找到自己需要的素材。②短视频制作者也可以通过社交媒体平台收集素材。社交媒体已经成为现代人社交和信息交换的重要方式之一。在社交媒体上，我们可以看到许多别人发布的短视频，这些视频中蕴含着充足的素材。利用社交媒体的搜索功能，或通过关注感兴趣的人或标签，来发现更多优质的素材，这也可以帮助短视频制作者更快地筛选出符合自己创意的素材。③短视频制作者还可以通过短视频平台获取素材。在国内的短视频平台中，有很多平台是极其受欢迎的。这些平台上拥有各种热门素材和流行的视频短片。短视频制作者可以从平台上搜索自己所需的素材，也可以浏览热门分类或话题，互相学习和借鉴创意和素材。在素材筛选的过程中，短视频制作者还需要注意素材的价值和亮点。良好的素材应该有其内在的价值，短视频制作者需要寻找并挖掘出价值和亮点，从而在短视频中表达出主题和情感。同时，还需要根据创意筛选素材，以达到最佳的视觉效果。短视频制作者需要仔细尝试各种不同的素材组合，以找到最合适的素材，从而更好地呈现自己的创意。

最后，在运用技术手段的过程中实现短视频的创意。通过技术手段，可以更好地完成短视频的创意表达和呈现。剪辑、特效、音乐以及其他技术手段，这些都是制作短视频必不可少的工具。在运用技术手段的过程中，短视频制作者需要注意技术手段的选择，以确保达到最佳的创意表达效果。①剪辑是短视频制作中最基本的技术手段。剪辑是将已经拍摄好的画面进行编辑，将其排列合并成一个整体的过程。在过程中，可以通过剪切、合并、镜头转换、画面调整等技术手段，对视频进行编辑创作。短视频制作者需要根据自己的创意，选用适当的剪辑技术手段，并根据篇幅适当削减或者添加内容，以达到良好的叙事效果。②特效是制作短视频不可或缺的技术手段之一。特效可以为短视频增加各种视觉效果，例如画中画、转场效果、色彩调整、镜像等。在使用特效的时候，制作者需要深入理解自己的创意，选择适合的特效并合理运用。一些特效可以引起观众的兴趣并加强视觉冲击力，但也需要避免特效过度使用，影响整个视频的质量。③音乐是制作短视频时不可缺少的一个元素。音乐可以为视频增添不同的情绪和氛围，配合各种画面和镜头转换，制作者需要选择合适的音乐，并将其加入视频中，以营造情思和氛围。但是，制作者需要根据创意和时长选择适合的音乐，并注意音乐和画面之间的衔接，避免冲突和失调。④短视频制作者还可以利用其他技术手段增加创意表达效果，例如字幕、贴图、动画等。这些技术手段可以为视频增加更多的元素，让视频更加丰富和生动。在使用这些技术手段时，制作者需要考虑创意和整体效果，避免过度使用效果造成的复杂或混乱。

短视频中媒介的作用和价值。媒介在短视频制作中的重要性不言而喻，它是创意和观众之间的桥梁和纽带，负责短视频的表达、传递和分享。短视频媒介的多样性、便捷性和互动性，使得短视频成为当下受众喜爱并愿意分享的一种视频形式。不同的媒介，例如社交媒体、直播平台、短视频分享平台等，都提供了自己独特的发布、推广和传播机制。例如，短视频分享平台通过系统化和个性化的投放机制，可以将短视频推荐给目标受众，从而增加视频的曝光量和粉丝数量。直播平台的互动性则可以为制作者提供更多面向观众、实时互动的机会，从而增加短视频的影响力和吸引力。

短视频中创意和媒介的融合，是不断创新的一种实践和尝试。它要求制作者不仅具备创意性和创造力，还需要结合不同的媒介平台，将创意的元素和媒介的优势有机地结合在一起，实现创意和传播的双赢。

具体来说，短视频中的创意和媒介融合主要体现在以下几个方面：

（1）定位自身创意和实现媒介传播策略的匹配。制作者需要在摸索和试错的实践中，找到自身创意和实现媒介传播策略的最佳方案。在确定视频主题和内容时，需要考虑到媒介的特点和传播规律，从而找到切合实际的营销和传播策略。例如，在制作适合某平台的短视频时，需要注意到该平台用户关注趣味性、短暂性和可分享性等特征，结合用户的这些特征来制作短视频，从而提升视频在该平台的传播效果。这就需要制作者结合平台的特点，选择合适的视频内容和创意思路，实现短视频和媒介传播策略的高度匹配。

（2）充分利用媒介特性，实现创意和媒介的有机融合。媒介的特性包括媒介形式、传播方式、用户特点等方面，它可以为创意提供更多的呈现方式和传播方式。例如，在拍摄短视频时，摄影师可以利用摄像机、飞行器、手持稳定器等多种工具，给视频添加不同的特效、视角和场景，从而提高短视频的品质。在制作短视频时，制作者可以充分利用社交媒体、直播平台等媒介的社交性、互动性等特点，与观众进行实时互动，获得观众的反馈和参与，从而提升短视频的情感表现和观赏效果。

（3）结合媒介传播方式，实现创意和媒介的整合传播。短视频的传播途径越来越多元化，结合媒介传播方式，实现创意和媒介的整合传播，将创意和传播有机地结合在一起，是制作高质量短视频的必要条件之一。在制作短视频时，制作者可以根据视频主题和媒介传播方式的特点，选择不同的传播策略，比如利用社交媒体进行口口相传，利用直播平台进行互动传播等，从而实现短视频的全方位营销和传播。

综上所述，短视频的创意和媒介融合是短视频制作中的重要组成部分和核心要素。制作优质短视频必须要充分运用创意和媒介的融合，找到最适合自己的创意和传播方式，加强视频与受众的互动和情感表达，从而实现更好的短视频制作效果和传播效果。

4.1.2 短视频的音乐和视频的交互

短视频是一种集图像、音乐和文字于一体的新兴媒介形式，已成为现代社交媒体和移动互联网时代的重要传播形态之一。短视频制作的核心是将画面和音乐完美地结合，通过呈现生动、具有情感和视觉效果的场景来表达短视频的主题。在进行短视频创作时，音乐和视频的交互是不可或缺的一部分。音乐和视频的交互可以让视频更具氛围、情感和表现力，增加视觉效果和音乐感染力。本节将从视频制作的角度分析短视频的音乐和视频的交互，探索音乐在视频中应用的技巧和方法。

（1）音乐在短视频制作中的功能与特点。增强情感渲染。音乐是短视频中最重要的情感表达媒介之一，它可以为短视频增添情感元素，使得视觉和听觉在情感上更紧密相连。音乐的节奏、旋律、音色、音效等元素，均可以得到细致的安排，使得视频内容在情感上更具完整性和表现力。制作者可以根据短视频的主旨和情感要素，选择与之匹配的音乐，通过音乐的氛围营造和情感建构，实现更准确、精深的情感表达。首先，音乐可以为短视频增强情感元素。在短视频中，制作者可以根据主题和情感要素，选择适合的音乐来增加情感元素。不同类型的音乐可以传达不同的情感、氛围，制作者可以通过适当的音乐选择，让视频内容更加丰富和有感染力。例如，深情的音乐可以让观众感受到爱情的温暖和浪漫，在短视频中起到渲染情感的作用。

其次，音乐可以使得视觉和听觉在情感上更紧密相连。短视频制作者可以通过音乐的节奏、旋律、音色、音效等元素的细致安排，来使得视觉和听觉在情感上更紧密相连。当音乐与视频内容完美融合时，能够更加动人地表达出主题和情感，引起观众强烈的共鸣。在这种情况下，音乐将成为短视频中最具感染力的元素之一。最后，使用音乐可以实现更准确、精深的情感表达。短视频制作者可以通过音乐的氛围营造和情感建构，实现更准确、精深的情感表达。通过音乐与画面的巧妙匹配，制作者可以将情感层次和情感走向更加精准地呈现出来。

加强视觉效果。音乐作为短视频的声音载体，同样可以通过细致的制作达到加强视频视觉效果的目的。音乐的节奏可以增强视频的动感与紧张感。在视频的高潮部分，制作者可以选择快节奏、高音量的音乐来配合视觉效果。这样的音乐可以与视频的画面和镜头变化相结合，让视频的视觉效果更加强烈和直接。此外，音乐的节拍在一定程度上可以调动观众的情感和感官神经，让观众更加专注，增强对视频的关注程度。音乐的情感渲染力可以增强视频的情感效果。适合的音乐可以让观众更加深入地理解和感受视频所表达的情感。例如，在表现浪漫情感的视频中，柔和的音乐可以更好地塑造浪漫氛围，引发观众情感的共鸣。另外，尤其是在表现悲伤和激情等强烈情感时，音乐的选择和应用尤为重要。音乐可以让观众更好地感受到视频表达的情感。

提升共鸣力。音乐的独特元素和情感渲染力，可以为视频制作提供更强烈的共鸣力。通过选择与视频主题相匹配的音乐元素和音乐风格，制作者可以使得受众更快速地进入视频的氛围中，体验到视频所呈现的情感，从而增强受众的共鸣感和情感交流。正确选择音乐元素和音乐风格能够加强受众的共鸣感。在制作短视频时，音乐的选择是非常重要的一环。制作者需要根据视频的主题和情感要素，选择与之匹配的音乐。正确选择音乐元素和音乐风格可以帮助受众更加容易地感受到视频所呈现的情感信息，从而进一步加强观众与视频之间的共鸣感。音乐可以营造出视频的氛围。音乐的节奏、旋律、音色、音效等元素能够通过与视频内容的巧妙搭配，形成一种独特的音乐氛围。这种独特的氛围可以直接影响受众的情感体验，使得受众的体验更加丰富和深刻。最后，音乐可以加强受众与视频之间的情感交流。音乐具有传递情感的能力，能够在视频制作中发挥情感引导和情感表达的作用。通过制作者的情感把握和音乐的营造，受众与短视频之间的情感共鸣力可以得到加强，进一步促进了受众与视频之间的情感交流。

营造节奏感。音乐的节奏感可以使得短视频具有更流畅、更连贯的节奏感，既符合受众视觉和听觉上的需求，也使得视频制作更具有动态特性和冲击力。首先，音乐的节奏感可以使视频画面更加流畅。在短视频制作中，音乐的节奏能够为视频制作带来鲜明的节奏感，通过让音乐的节奏与视频的画面同步呼应，使得画面的节奏感更加流畅，既符合观众的视觉需求，也让短视频更加具有动态特性和冲击力。举个例子，一段速度较快，运动或舞蹈类的短视频，通过音乐的节奏的加持，可以让画面的节奏感更加紧凑，吸引观众的眼球。其次，音乐的节奏感可以使画面更具连贯性。音乐的节奏感可以帮助制作者更好地组织画面内容，让画面元素之间更具有连贯性。在制作短视频的过程中，制作者需要用音乐的节奏感来衔接画面，使画面之间的关联性更加紧密，让短视频更加流畅和自然。最后，音乐的节奏感可以让视频制作更具动态特性和冲击力。在短视频的制作中，音乐的节奏感能够打破短视频制作的单调性，为画面注入更加生动和鲜明的特质，让短视频制作更具有动态特性和冲击力。通过音乐的节奏感，可以让观众更加深入地理解和感受到视频的创意表达，同时增强视听的冲击效果。

（2）音乐和视频的交互方式。音乐和视频的交互是短视频制作中必不可少的要素。随着新媒体技术的发展，音乐和视频交互的方式和方法也越来越多样化和灵活化，制作者可以通过不同的方式和方法，实现音乐和视频的精准对接，进而创造出更具魅力和吸引力的短视频作品。

节奏感的运用。节奏感是短视频制作中最为重要的交互方式之一。节奏感又可以分为两种，即音乐节奏和视觉节奏。音乐节奏是指音乐中的节奏感，它可以影响视频中画面的速度、频率和节奏感，间接导致视觉效果的变化。例如，在快节奏的音乐下，视频画面的快速切换和瞬间变化，可以形成强烈的冲击感和视觉刺激，让观众更容易感受到短视频的情感和主题。另一种是视觉节奏，视觉节奏是指视频画面自身的动态节奏，它可以通过切换画面速度、镜头、颜色、透视和对比度等手段来实现。例如，在快节奏音乐下，视频的快速切换镜头和变换画面的频率，可以呈现出随着音乐节奏的起伏变化而精度变化的动态效果，这样新颖多变的视觉呈现方式，可以更好地吸引观众的关注和兴趣。

情感渲染的应用。在短视频制作中，音乐可以通过情感渲染的方式，帮助制作者较好地表现出视频中所包含的情感色彩和情感体验。例如，在情感视频制作中，制作者可以选择配上符合视频主题的音乐，在画面的切换、色彩和镜头处理上加上情感元素，提升视频效果，把观众情感带入到视频中，并引发共鸣。在营造情感氛围的过程中，音乐的元素和编排都要准确和精细。例如，在富有共鸣感的音乐下，制作者可以通过色彩、特效等手段，让画面更易让观众产生共鸣，从而产生更加深刻的情感记忆，同时也可以提高观众对短视频的理解。

视觉效果升华的处理。视觉效果升华是短视频音乐和视频交互的另一种重要方式。这种方式可以通过音乐元素，呈现出更具和谐感和统一感的视觉效果，从而制造出更具有创意性和吸引力的作品。比如，在游戏画面与音乐的搭配中，可以通过音乐元素的变化，增强游戏画面特效，让观众得到更具活力、更具互动性的游戏体验，让短视频作品变得更为生动。

镜头切换的运用。在短视频制作中，镜头切换也是常见又有效的音乐和视频交互方式之一。在音乐的进行过程中，通过合理的、精准的视频镜头切换，可以让不同的视频片段融为一体，更加流畅自然，更好地诠释视频主题和情感。例如，在音乐节奏强烈的时候，制作者可以采用快速的镜头切换，让画面跟随着音乐的旋律起伏，制造出更加轻快活泼的节奏感。而在音乐轻柔的时候，镜头切换可以减缓，创造出更为恬静、温馨的氛围，让观众在视觉和听觉间不断切换，获得最佳的音视频感官刺激效果。

音乐搭配的处理。音乐搭配是短视频制作中至关重要的一环，其堪称是音乐和视频交互最为典型的方式之一。正确的音乐搭配不仅能够强化视频内容，更能够带给观众更为优秀的视觉体验。例如，在幽默搞笑的视频制作中，配上轻松而欢快的音乐可以引发观众的共鸣，在视听上都能给观众带来欢笑和乐趣；而在感人的视频中，配上温柔悠扬的音乐，可以更好地传达出视频中的情感。

音乐剪辑的处理。音乐剪辑是一种重要的音乐和视频交互方式。通过对音乐进行切段、混音和合成，使得音乐与视频元素更为精细、协调和统一，进而实现视频情感和主题的精确传达。比如，在快节奏音乐剪辑中，可以通过音乐元素的增减和视觉效果的过渡，实现画面与音乐的精准匹配，为短视频带来更加完美的呈现效果。

音乐编排的处理。音乐编排是一种高端的音乐和视频交互方式，这种方式能够创造出更加具有创意性和奇特性的音乐和视频作品。具体而言，音乐编排是指对音乐进行重新组织和编排，以实现短视频的完美表现效果。在音乐编排过程中，制作者需要注重每个音乐元素的精确处理，比如音乐起伏的剧烈程度、音乐旋律的流畅度和和谐度、音频元素的搭配，等等。制作者可结合视觉特效和剪辑技巧，实现对音乐的更加高级编排，为短视频制作加分。

总之，音乐和视频交互方式及方法多种多样，而每种方式的效果都具有独特的魅力，制作者只需要正确选择和运用，再加上策略和技巧处理的延伸，便可以创造出更加优秀和吸引人的短视频作品，为观众带来更好的视听感受。

（3）音乐和视频的创新融合。音乐和视频的交互是短视频制作中应用较广泛的一种方式。但只有通过不断的创新融合，才能让音乐和视频的交互更为个性化和创新化。以下是一些音乐和视频创新融合的方法：

创造性地运用节奏和音效。节奏和音效是短视频制作中一个重要的环节，创造性地运用节奏和音效，可以让视频的画面更具节奏感和震撼感。音乐是短视频中的重要元素，可以有效地创造出节奏感。不同的音乐节奏可以呈现出不同的情感和氛围，更容易让观众沉浸其中。例如，如果制作快节奏的音乐视频，加上打击乐器或激烈的音效，配合画面的快速变幻，可以提高视频的观赏性，从而吸引观众。作者还可以利用音效创造出画面的震撼感。音效是短视频制作中的另一个重要元素，可以帮助制作者表达自己的创意和借助观众的感官更好地传递情感。例如：在短视频制作中，配合画面，运用各种音效（如爆炸、机器噪声等效果），可以让观众更深入地了解视频中所表达的信息，并提高视频的观看体验。好的音效也可以使观众沉浸在视频的氛围中，更好地感受短视频的情感表达。创作者也可以将节奏和音效结合起来，创造出更具有个性化的短视频效果。如在快速剪辑画面时，音乐或声效也随之变化，配合画面的快速节奏变化，使得短视频更具观赏性，让人更容易接受信息的表达。不同的视频创意可以采取不同的音乐、节奏、音效手段来配合不同的视觉效果，提高短视频的观赏性和趣味性。

结合视频的视觉效果和音乐的情感表现。音乐的节奏和氛围应该与视频的视觉效果相匹配。音乐和节奏是短视频中表达情感和氛围的关键元素，也可以让观众更好地接收创作者所传递的意图。因此，视频不仅要从节奏和氛围角度选取与之匹配的音乐，还应该结合视频的特效。例如，制作一段具有质感的短视频，可以选择一首柔美的音乐，以此来表达短视频所传递的优美感。在制作一段快节奏的动感短视频时，可以选择一段具有快节奏鼓点的音乐，并运用特效来配合，创造更加生动的音乐图像效果。这样的搭配不仅可以增加视觉效果的艺术感，还能让观众感受到音乐节奏与视频画面特效结合带来的视觉和听觉的冲击力。

对音乐和视频的深度处理。深度处理音乐和视频是一种创新的应用方式。通过对音乐的编排和处理，制作出高度符合视频场景的音乐源，改进视频的音乐效果。还可以对视频素材进行处理，采用不同颜色和色调，调整节奏和氛围，从而使音乐和视频的交互更具层次感和表现效果。深度处理音乐和视频需要制作人具有一定的音乐理论知识和视频剪辑技术。制作者需要了解如何对音乐和视频进行剪辑、合成和调整，才能达到最佳的效果。同时，需要短视频制作者充分理解视频的创意内涵，对两者进行有效的整合，进而使音乐和视频相得益彰。

总之，音乐和视频的互动是短视频创作中的一个重要部分，它可以在创造有趣和美的视频的过程中提升视频的表现效果。通过视频创作者加强学习和不断尝试，运用常见的音乐和视频交互方式并不断探索创新的融合方式，将为音乐和视频的交互注入新鲜的血液。

4.2 短视频的原创内容和 IP 授权

4.2.1 原创内容的重要性和相关要求

原创内容是短视频制作的核心和基础，是吸引和保持观众关注的关键因素。作为制作短视频的基础，原创内容对于视频的话题、故事、情感表达等方面都有重要影响。下文将探讨原创内容的重要性、原创内容要求，以及如何运用原创内容加强短视频制作。

首先，原创内容可以体现出作者的精神和创意，更能够引发受众情感共鸣，彰显出独特的品质和观赏效果。在短视频制作过程中，原创内容是展现创作者独特风格和表现力的重要因素。原创内容可以体现出作者的精神和创意，让观众感受到短视频的价值和创意。没有创意和独特性的内容往往难以赢得观众的赞誉和认可，而原创内容能够通过独特的创意和视觉效果，让观众更好地感受到创作者的创意表达。①原创内容可以更好地突出创作者的个性和特点。原创内容是基于作者的视角和思考，通过独特的创意和表现手法，表达出创作者的思想和情感。在视频创作过程中，创作者可以利用自己的生活经验和情感感受，融入到视频中，从而让短视频更具独特性和个性化。这也是原创内容所特有的优势，它可以让观众更好地感受到短视频的作品所具有的独特性。②原创内容也可以帮助创作者更好地表达自己的创意和情感。短视频制作者可以通过原创内容体现出自己的想法和观点，从而达到更好的传达和表达。在创作过程中，创作者可以更好地利用各种手段，让画面和音效更好地表达其想法和感受，也帮助观众更好地理解和接受创作者的独特表达方式。③原创内容也是短视频在竞争过程中的一个制胜法宝。现在的短视频市场竞争激烈，如何突出自己的品质，以获得更多的观众关注，是每个创作者必须面对的问题。优质的原创内容可以更好地吸引观众的关注，增加观众的点击和分享，从而提高短视频的传播力和影响力。只有创造具有差异化和独特性的原创内容，才能够带给观众更好的视觉效果和观赏体验。

其次，原创内容也可以为短视频实现长期的品牌传播提供基础。短视频的长期传播不仅是内部积累和沉淀，也是外部共同推广和传播。在短视频制作中，原创内容不仅是展现创作者个性和表现力的重要因素，同时也是短视频实现长期品牌传播的基础。随着原创内容的传播，短视频的品牌形象就会逐渐形成，提高品牌识别度和产品宣传效果。第一，原创内容可以为短视频的长期传播提供基础。原创内容往往是创作者在深度思考和创造中诞生的，它可以凝聚创作者与观众之间的感情，建立一种深层次的互动关系。并且这种互动关系不会因时间的推移而淡化。观众会认可原创内容的独特性和品质，从而更有可能将其通过分享、转发的方式传播于网络，为短视频的传播打下牢固的基础。第二，原创内容可以带动短视频品牌形象的传播。在原创内容中，创作者可以利用多种手段和方式来传达品牌形象和价值观，从而使观众更加深入地了解品牌文化和形象。这种方式不仅建立了品牌与观众之间更有效的互动，也为品牌的长期传播奠定了良好的基础。第三，原创内容的可塑性很高，品牌也可以根据消费者的需求作出合理的调整并不断创新品牌形象。虽然原创内容看起来具有创造性和独特性，但是它并不是一成不变的。品牌可以根据观众的反馈和需求不断探索和创新，这样不仅可以让品牌不断地向前发展，也可以增强品牌形象的传播力和影响力。

再次，在短视频制作过程中，原创内容不仅可以吸引观众，也可以带给创作者更多的回馈与动力，激发其创作欲望。观众的关注和认可是对创作者最好的肯定和回馈。当创作者的作品得到观众的赞誉和分享，可以让创作者充分体验到受到被认可的快乐，也可以激发创作者继续创作的兴趣和激情。这种正向反馈不仅可以加强创作者自身的自信心和热情，还可以加强他们的创造力，让他们更多地参与到短视频的创意表达中。原创内容也可以成为创作者实现自我价值的重要渠道。原创内容是一种充满创造力的表现方式，可以传达出创作者的思想和情感。创作者意愿高涨，可以更好地表达自己的想法，也能够强化创作者在短视频领域的地位。而且，短视频领域的技能和经验也可以让创作者不断发掘自己的实力和价值，产生更多的积极反馈和成就感。并且，原创内容也可以成为创作者不断探索和突破的方向。在短视频领域，创作者需要不断学习新技巧和了解市场需求，不断尝试不同的表现方式，才能创造出更多优质的原创内容。这种挑战可以让创作者更好地挖掘自己的潜力和才华。同时，与观众的互动也可以帮助创作者更准确地把握用户需求，不断提升短视频效果，不断产生更多具有价值的原创内容。

最后，原创内容可以让短视频更具有深度和影响力。原创内容可以考虑到受众的需求和心理，融入细节和人性化的表达，从而让短视频具有深度、思想性和感染力。①原创内容可以通过细致的构思和深度的思考，更好地表达出作者的观点和态度。例如，纪录片类短视频可以通过深度剖析事件的背后故事和各种问题的根源，让观众更加深入地了解事件的背景和影响。这种探究事件和深度思考的过程，可以让观众更容易地了解和记住短视频所表达的信息和观点，从而对于短视频的播放量和传播效果都有积极的推动作用。②原创内容的影响力可以让短视频更具有感染力。通过人性化表达和情感肆意的舒展，可以让观众产生更多共鸣和思考。人性化表达和情感肆意的舒展，可以让短视频更具有深度、思想性和感染力，让观众在观看短视频的同时，也能够增强社会意识和责任感，培养正义和良善的价值观。

另外，原创内容不仅需要创新、个性化，还需要体现出一定的价值观、文化内涵以及品质。以下是对原创内容的一些要求：①契合主题。原创内容必须与短视频的主题相关，通过多角度和多形式的表现来切入主题，创造出高品质的短视频。②原创性和创新性。原创内容必须具备原创性和创新性。只有具备强烈的独创性，才能在全网范围内获得更多的媒体传播。③提高品质。原创内容必须具备高品质的要求，通过认真创作来为观众带来更好的体验和观赏感受。制作者要在表达中加入更多的文化元素和文学效果，通过视觉效果等呈现手法，创造出更好的表现形式。

原创内容的应用。在策划和制作短视频时，原创内容的应用需要考虑到短视频的主题和目标观众，在这个过程中应把握好以下几个要点：①主题切入。需要准确把握主题，确保原创内容主题鲜明。②多角度切入。应该采取多种角度、多种形式的创意方式，以满足不同客户和受众的需求。例如，创作不同类型的视频、配合不同的音乐、不同的画面，以及加强特别表达的效果等。③积极展示原创核心价值。应该注意将原创内容的核心价值展示给观众。例如，展示制作过程中的故事，让观众更好地了解视频制作人的用心创作，从而让视频得到更好的传播和推广。原创核心价值既包含视觉效果，也包含文化元素和精神价值，需要制作者在创作过程中多方考虑。④增加互动和引导。可以采用各种互动方式来增加观众参与度。例如，在短视频初始的几秒钟加入问答游戏或有趣的短剧情，既能引发观众兴趣，还能推动短视频的传播。

原创内容与 IP 授权的平衡。在短视频制作中，除了原创内容，还可以通过 IP 授权的方式来增强短视频的制作品质和观赏性。IP 授权可以利用已有知名度、流行度的品牌、故事等资源，来增加短视频的话题和传播范围。但是，IP 授权必须和原创内容进行合理平衡，不宜过度依赖 IP 授权，降低原创内容的重要性，避免背离短视频制作的核心。

在平衡原创和 IP 授权方面，我们可以从以下几点入手：①注重创意和内容的实现。创意是短视频制作的源泉，必须注重发掘创意，并以最好的方式呈现出来。制作者需要把握观众的需求和心理，从而确定短视频的主题、情感表达等方面，以产生最好的内容。同时，对于 IP 授权，也应该在创作中予以变通，创造更有特色、灵感和创意的短视频。②在原创与 IP 授权之间取得平衡。制作者需要坚持自主创作，同时也可以灵活运用已有 IP 授权来打造更具价值的视频。即便使用了 IP 授权，也不应该将其视为短视频制作的主要灵感来源，而是作为短视频制作的延伸，更好地创造出高品质、个性化的内容。同时，制作者也应该更多考虑融合 IP 授权内容和原创内容，以达到更好的效果。③强化创作者的自主品牌。创作者不应该彻底依赖 IP 授权，而应该发展自己的品牌，创作者可以自由地创作和表达自己的想法和观点，并通过自主品牌与受众互动，实现信息和价值的有效传递，同时让自己的影响力和表现力得到显著提升，推动个人和行业的发展。从中提升自己的表现力和市场影响力。

总之，原创内容是短视频制作的核心要素，是保证短视频品质和观赏效果的关键。在制作短视频时，需要深入调研和思考创意、主题和展示方式，加强原创核心价值的传达和展示。同时，对于可以进行 IP 授权的内容，也需要谨慎选择和平衡，将其作为短视频制作的一种有力辅助手段。只有坚持不断创新、注重原创和加强品质，才能在数字内容市场中打造出受众喜爱的优秀短视频。

4.2.2 IP 授权的意义和细节要点

IP 授权是指将拥有知名度和影响力的品牌、故事等资源授权给其他文化产品的制作方，以期提高这些文化产品的品质和价值。在短视频制作中，IP 授权可以为短视频制作提供强有力的支持，增加话题和传播范围，提高制作品质和观赏性。下文将探讨 IP 授权的意义和细节要点。

（1）IP 授权的意义。IP 授权的实质是为短视频制作提供丰富的文化内涵和利用已有知名度、流行度的素材资源。由于 IP 授权往往可以带来独特的品质和品牌覆盖能力，因此具有重要意义：

① IP 授权可以带动商业发展。IP 授权在中国已有供需双方双赢的商业案例。品牌通过授权给行业内选手检验自身品牌价值，切入相关领域，进一步推进品牌对目标市场的认知。作为授权方，可以减轻销售和营销的负担，实现资源共享，提高品牌价值。当品牌依靠自身的力量在市场上推广和营销产品时，需要付出较高的费用。而通过授权给其他企业或机构使用品牌的 IP，品牌方可以减轻营销的负担，降低相关成本，从而有效提高商业利益。同时，品牌通过 IP 授权可以实现资源共享，协同合作，实现品牌价值的最大化。IP 授权还可以带来丰厚的商业收益。当品牌管理方将品牌知识产权授权给其他企业或机构使用时，不仅可以实现品牌价值和意识的延伸，还可以获得相应的商业利益。例如，品牌可以将著名角色 IP 进行授权，并将这些角色的商业形象进行二次开发，应用到相关产品中，如 T 恤、杯子、玩具等系列商品的推出。特别是在游戏开发领域内，授权方可以获取更多的游戏收益，实

现商业和品牌价值的双重增长。

②IP 授权提高制作品质和影响力。IP 授权可以借助拥有知名度和影响力的品牌来提升制作品质和影响力。IP 授权可以让短视频更快地进行社交媒体传播。通过利用已有的知名品牌、故事等资源，短视频可以凭借品牌的知名度和声誉，从而吸引更多的关注和分享，使短视频的传播范围更快速地扩大。同时，因为借助已有的知名品牌形象和故事背景，观众可以很快理解视频传递的信息和主旨，从而使得短视频的传播效果更好。通过 IP 授权，短视频还可以构建出独特、有价值的品牌形象。通过 IP 授权，短视频不仅能够借助已有的知名品牌、故事等资源进行制作，还可以将这些资源融入到短视频的创作当中，从而构建出具有独特性、品牌价值感和影响力的短视频品牌形象。这种品牌形象可以在社交媒体上进行传播，进而将品牌的影响力传递到更广泛的受众中，从而拥有更广阔的发展前景。

③IP 授权提高制作品质和观赏性。IP 授权可以提供的素材资源是经过专业筛选和包装的，这意味着短视频可以利用 IP 授权提供的资源，实现一步到位的文化包装和视觉呈现效果，为短视频带来更专业化、更高品质的视听体验。

首先，IP 授权提供的素材资源具有多样性。IP 授权作为一种新的创意和媒体资源提供商，其素材资源丰富多彩，可以涵盖视频内容制作和视觉效果等方面，从而为短视频提供更鲜活生动、更具个性化的素材源。这些素材资源往往经过了专业筛选和品质验证，能够为短视频制作增加更多的创意和表现力，提高短视频的品质和观赏性。其次，IP 授权素材资源涵盖了诸多领域，其中包括电影、音乐、文学等各个领域的原创知识产权，对短视频的品质影响甚大。这些资源不仅是品质优良的数据，还拥有专业级别的制作和呈现技术。这种呈现和体验的效果将会使观众在观看过程中获得更优质、满意的视听感，并且更容易吸引到目标用户。

④IP授权可以加速产业创新和文化产业转型升级。IP授权可以从根本上推动行业的转型升级。通过授权的行业企业可以借助知名品牌等来进一步拓宽产品供给渠道、提高企业市场的的含金量和责任感，加强自主创新能力，进而推进文化产业和娱乐产业的高度发展。举例来说，某电影主创对视频分享网站进行了授权，推出了动态壁纸、桌面主题、手机应用等产品，进一步丰富了产品的形态和市场渠道，为电影本身的市场成功提供了保障，推动了文化产业和娱乐产业的转型升级。

从上述发展来看，IP授权已经成为了当前文化和娱乐产业发展的趋势之一。通过IP授权，品牌、企业或作品可以更快地扩大目标市场，提高品牌竞争力、加快产业创新和文化产业转型升级等。但是需要注意的是，授权牵涉到方方面面的法律事宜，所以在授权合作中，需制定完善的合同，细致的条款，将IP的利益和风险最小化地有效结合起来。

（2）IP授权的细节要点。在使用IP授权时，需要考虑到以下一些细节要点：

①选择合适的IP是IP授权的第一步，这需要考虑到短视频的主题和目标观众的需求。如果选择不合适的IP，会影响使用IP授权的效果。因此，需要优先确定短视频主题，然后选择与主题相关的IP来实现最好的效果。

首先，要考虑短视频的主题。短视频的主题是指短视频所关注的事件和表达的内容。在选择IP时，应该优先考虑短视频的主题，以确保IP的选择与主题相关。例如，如果短视频的主题是美食，那么选择与美食相关的IP会更有优势。比如可以选择与美食有关的名人或名厨进行授权，或者选择与美食相关的商品或品牌进行联合推广。这样一来，短视频就可以更好地符合观众的需求和喜好，从而提高短视频的受欢迎程度和传播效果。其次，要考虑目标观众的需求。与主题相关的 IP 不一定符合观众的需求，因此在选择 IP 时也需要考虑目标观众的需求。目标观众是指短视频的最终受众群体。在选择 IP 时，我们应该考虑目标受众的年龄、性别、地域、文化背景等因素，以选择符合目标受众愿望和需求的 IP 内容。例如，针对年轻人的短视频可以选择与偶像、流行文化、时尚等相关的 IP，而针对中老年人的短视频可以选择与传统文化、历史、健康等相关的 IP。这样一来，短视频就可以更好地推广产品或服务，提高影响力和销售额。

②注意版权问题。在商业活动中，IP 授权作为一种重要的商业手段，可以带来丰厚利益，同时也涉及一些版权问题。在使用 IP 授权时，必须遵守相关法律法规和 IP 授权协议，确认 IP 的版权情况，选择正版授权的 IP 权利方，并与权利方签署严谨的版权协议，以保证 IP 授权的合法性。首先，IP 授权方应在授权之前确认所授权的 IP 方具有正版授权权利，要谨慎选择契合自身品牌定位和风格的 IP，避免使用侵犯版权的 IP 资源。同时，IP 使用方也要注意保护自己 IP 版权的权益，做好 IP 的注册、维护和保护，避免侵犯版权的风险。其次，IP 授权合作需要严格遵守 IP 授权协议。IP 授权协议明确规定了 IP 使用的范围、时间、地域、使用方式等具体内容，双方需充分了解各自的权利和义务，保证双方权益均得到保障。在合作过程中，必须严格遵守协议中规定的方式合理使用成果，并且要按照协议程序处理使用过程中的任何问题或纠纷。最后，在使用 IP 授权时要防范版权纠纷的风险。在合作过程中，协议双方应该诚信合作，如果发现侵权行为，应及时采取保护版权的措施，维护自己的合法权益。如果发现合作方侵权行为，则应及时采取

行动避免纠纷的发生或自身权益受损。

③理解 IP 的特点和属性。每种授权 IP 都有其特点和属性，这些特点和属性对于短视频制作非常重要。因此，在使用 IP 授权时，需要认真研究 IP 的特点、风格等，并结合短视频的需求进行分析，以最大化 IP 授权的价值。首先，需要深入研究 IP 的特点和风格。IP 的特点和风格是指 IP 独具的、独特的、难以被模仿的形象、故事情节、思想内涵等。在使用 IP 授权时，需要深入了解 IP 的特点和风格，以确保 IP 与短视频的主题和内容匹配，并在短视频中得到完美的展现。例如，如果选择的 IP 是一个幽默风格的卡通形象，那么在制作短视频时，需要考虑这个卡通形象的特点和风格，以保证短视频的幽默感和卡通性。其次，需要深入研究 IP 的定位和观众基础。观众基础指的是 IP 在市场上的适用对象。在使用 IP 授权时，需要对 IP 的定位和观众基础进行深入研究，以确保 IP 与短视频的受众群体相符合。例如，如果选择的 IP 是一款以女性为主要受众群体的时尚品牌，那么在制作短视频时，需要确定短视频的目标受众群体，并从 IP 的特点和定位出发，构思出一些相关的短视频内容，以打造出符合时尚品牌目标受众群体的短视频。最后，需要深入研究 IP 的精神内涵。IP 的精神内涵是指 IP 背后的思想、文化和历史内涵。在使用 IP 授权时，需要对 IP 的精神内涵进行深入研究，以在短视频中表达出 IP 的精神内涵。例如，如果选择的 IP 是一款大众文化产品，那么在制作短视频时，需要考虑这个大众文化产品赋予观众的情感和文化传承内容，以此来为短视频注入适当的文化元素和情感元素。

④授权合作的沟通和协调。授权合作的沟通和协调是 IP 授权与短视频制作中重要的环节。在使用 IP 授权进行短视频制作时，授权双方之间的沟通和协调是必须的。两者之间的良好沟通和协调对于提高短视频制作的质量

和效果起到重要作用。因此，需要确保授权双方之间的信息沟通畅通，同时要在短视频制作的整个过程中保持沟通和协调。首先，授权双方需要建立一个良好的沟通机制。短视频制作方需要及时与 IP 授权方进行沟通，并解决在制作过程中遇到的相关问题。为此，可以建立专门的沟通机制，如每周例行会议、实时通讯等。保证双方之间的有效沟通。其次，需要协同制订短视频制作计划。由于 IP 授权方和短视频制作方都有各自的工作安排和时间表，所以在短视频制作的过程中需要制订明确的计划。需要明确图像、声音、配乐及效果等各个方面计划，遵守时间表并及时协调跨部门的工作。这样可以避免生产进度延迟等问题，保证短视频的制作进度与时间表相符。最后，需要进行事后沟通和反馈。短视频制作完成后，需要对照短视频制作计划进行复盘。授权方和短视频制作方需要负责对短视频制作效果进行反馈，以便发现不足，查找错误以及提升工作质量。在这个阶段需要充分尊重双方的意见和建议，并为制订下一步的工作计划提供参考意见。

⑤将 IP 与原创内容相结合。在使用 IP 授权进行短视频制作时，将 IP 与原创内容相结合可以增强短视频的品牌价值和观赏性。原创内容是短视频的灵魂，也是提升短视频品质和价值的重要组成部分。因此，制作方需要充分发挥自身的创意，将 IP 与原创内容相结合，从而使创意更为新颖独特。首先，需要对 IP 所代表的品牌形象有清晰的认识。制作方需要了解 IP 背后的品牌故事和文化内涵，并结合短视频的主题和展现方式进行创意设计。通过对 IP 品牌和品牌精神的深入挖掘，将其加入到短视频制作中，从而提高短视频的品牌价值。其次，需要对原创内容进行深度挖掘。原创内容可以从多个角度进行展开，例如对当代文化、社会问题等进行探索。制作方应该深入挖掘原创内容，进一步丰富短视频的内容和表现方式，提高短视频的观赏性，同时

加强品牌的信念和影响力。最后，将 IP 与原创内容进行结合。在确定了 IP
品牌形象和原创内容支持的基础上，制作方需将二者进行结合，创造出独具
特色的短视频内容。例如，可以通过对 IP 形象的再创造，塑造出更具创意
和新颖的形象和场景，配合原创内容进行创意设计，使短视频富有更高的逻
辑性和内涵，从而提高品牌价值和短视频品质，吸引更多受众。

⑥专业水平与制作质量。在使用 IP 授权进行短视频制作时，需要注意
专业水平和制作质量。专业水平是指制作方为短视频制作提供的专业技术保
障，包括制作工具、技巧、场景等方面的保障。制作质量则是指短视频的画
面质量、声音效果、语言表现、场景选择、角色演绎等方面的表现，制作方
需要注重每一个细节的优化，确保短视频展现出最高的质量和观赏性，同时
有效提高品牌价值和商业价值。首先，制作方需要确保在制作短视频时使用
专业的技术和工具。在视频拍摄、剪辑、特效制作及音频后期处理等方面，
都需要使用专业的工具和技巧，保证短视频内容的准确性和真实性，同时可
以提高短视频制作的效率和稳定性。其次，制作方需要注重细节，确保短视
频的制作质量。在制作过程中，每一个环节都需要注重细节，比如摄影、剪
辑、特效、音频、字幕、配乐等，确保短视频的画面质量、声音、语言表现、
场景选择、角色演绎等方面都能够达到最佳的效果。

⑦控制成本。在使用 IP 授权进行短视频制作时，制作方需要考虑成本
的控制。IP 授权有可能需要付出高昂的授权费用，如果成本不能得到合理的
控制，对于短视频制作的整个过程和成果都有很大的影响。因此，制作方需
要通过多方面的资源和方式来控制成本，完成成本和效益的平衡。

⑧市场调研和推广。在短视频制作完成之后，需要进行市场调研和推广，
以实现商业价值的最大化。首先，市场调研要深入了解市场需求。市场调研

是通过收集和分析相关数据、情况和行业趋势来了解市场需求的过程。市场调研可以分为内部分析和外部分析两类。通过内部分析，可以查明公司的资源、能力和优势，以利于进一步了解市场定位和目标客户。通过外部分析，则可以了解市场上外部竞争者的情况和市场需求。在对市场需求进行深度研究后，制作方可以根据调查结果制定相应的推广策略，以提高短视频的知名度和曝光度。其次，需要制订推广计划。制订推广计划需要具体地列出推广方案、推广渠道、时间表和预计效果等信息。推广方案体现了推广策略的具体内容和方案。推广渠道则包括线上或线下等推广方式。时间表可以指定每个阶段的推广时间节点，以确保推广效果的最大化。预计效果可以根据市场调研的结果来预测。同时，要考虑不同推广方式的优劣，以便制订出更有利于推广的计划。

⑨保护 IP 权益。IP 授权的过程中，保护 IP 权益同样也必不可少。制作方需要在短视频制作过程中严格遵守 IP 授权协议和相关法律法规，保护 IP 授权方的知识产权等重大利益，同时，可以在短视频中展示 IP 的形象和品牌，让更多的观众认识和了解 IP 的形象和价值。保护 IP 权益还需要制作方加以重视，并进行管理。制售方需要制定相应的规章制度，纳入 IP 授权协议，并制定相应的工作流程进行监管。例如，制售方可以建立短视频制作团队，并指定专人负责 IP 授权协议的管理和监督。此外，制售方还应制定相应的保密制度，加强对 IP 知识产权和商业机密的保护，以保证 IP 授权方的权益得到有效保护。

因此，制作人应该在短视频制作的过程中更多地将注意力转移到原创性和创新性上，同时也要善于借力 IP 授权，将它作为短视频制作的延伸，更好地创造出高品质、个性化的内容。这也便意味着，IP 授权应该在原创内容的基础上，引导视觉效果和内容创意的深度发掘，以实现短视频创作达到更好的品质。制作人需要认真思考和规划，将 IP 授权与原创内容相结合，从而创造出更好的短视频，让受众更愿意参与和传播，同时也让短视频走向更广阔的市场空间和具有更深层次的文化内涵，为短视频创作注入更高的品质与价值。

在进行 IP 授权的同时，我们需要重视原创的价值，塑造独特的品牌形象，并发掘出短视频的更多潜力，以达到更好的市场竞争效果。只有与原创内容进行合理平衡，我们才能够正确使用 IP 授权，在未来的短视频创作中走向成功。因此，对于短视频创作者来说，原创创意和 IP 授权的运用不是要二选一，而是要在二者之间建立良好的平衡关系。需要理性看待 IP 授权的意义和细节要点，善于结合 IP 与原创内容，使得短视频制作更有深度和文化内涵，也更有趣味性，让短视频成为更好的文化产品和交流载体。

总之，只有在更加注重独立思考、注重创新和深度挖掘下，短视频创作者才能在 IP 授权的帮助下创作出更惊艳的视觉效果和流行话题，让短视频在市场的竞争中脱颖而出。

4.3 舆论导向和价值观引导

在短视频制作中，舆论导向和价值观引导是十分重要的，对于短视频的口碑和传播效果有着至关重要的影响。本节将探讨舆论导向和价值观引导在短视频制作中的重要性和实现方法。

（1）舆论导向的重要性。本书的舆论导向是指在短视频制作中引导公众对于某一特定话题、事件或者观点的态度和看法。在当今社交媒体发达、资讯丰富的信息社会中，舆论导向在短视频制作中显得异常重要。

首先，短视频作为一种影响力较大的媒体产品，其所传递的信息和情感对于用户和社会有着重大的影响。舆论导向涉及的正面、负面、公正等因素都有可能决定着短视频产品的成败和市场价值。如果短视频的舆论导向良好，将帮助其更好地提升用户的认同感和信任度，并为其创造更多的社交价值和文化价值。

其次，在当今的媒体时代，舆论风向和社会声音变化的速度相当之快。如果短视频能够精准地把握舆论导向，那么其在市场中的竞争优势也将得到提升。为了更好地适应市场变化和用户的需求，短视频制作在舆论导向上需要密切关注时代的发展动向和市场的改变，以更好地适应市场变化和用户的需求，进而提高视频的传播效果和品牌价值。

再次，作为娱乐产业的主力军，短视频越来越体现出其社会价值，短视频产业对于社会发展和文化的传承具有重要意义。作为一种重要的文化载体，短视频需要善于利用自身影响力引导社会舆论导向，促进社会和谐，激励社会进步，使经济效益和社会效益得到最优化的发挥。

最后，良好的舆论导向对于短视频企业自身的发展也具有重要影响。短视频作为一种新媒体形式，已经成为社会传播的重要平台之一。通过短视频，人们可以及时地获取信息并参与到社会讨论中。同时短视频也可以反映人们对于社会问题的关注和思考，推动社会问题的解决与发展。比如一些公益类短视频可以通过引导和教育观众，让人们更加关注社会公正、环境保护以及礼仪文明等问题，进而对社会产生积极的推动和影响。制作方在自身品牌的建设过程中，需要善于引领舆论趋势，增加自身品牌的吸引力和认可程度，提高短视频平台的市场竞争力和商业价值。

（2）价值观引导的重要性。价值观引导是指在短视频制作过程中通过不同的视觉语言和思想内容，引导公众形成一定的思考方式和价值观念，使得短视频得到更多的认可。价值观引导在短视频制作中同样具有重要意义：①传达正能量。价值观引导可以使短视频传达正能量，传播文化精神和文明观念，传承传统美德和弘扬新时代精神，从而进一步引导人们积极向上。②引导公众理性思考。通过短视频的内容和形式让公众对视频表述的思想和价值进行理性思辨，并塑造健康积极的价值导向。③增强与公众联系的力度。短视频的价值观引导能够引起公众的关注，植根于公众心灵，增强与公众联系的力度，实现更好的公众参与和交流互动。

（3）实现舆论导向和价值观引导的方法。在短视频制作中，要实现舆论导向和价值观引导，需要注重以下几个方面：①明确短视频的主题和目标。在短视频的制作过程中，首要任务是明确短视频的主题和目标，以确保舆论导向和价值引导的一致性，同时需要注重实现短视频对于公众趣味的激发和文化传承的重要性。②注重内容的品质和风格。短视频的品质和风格对于引导公众理性思考和价值观都至关重要，因此要在内容创编和模式设计方案上注重内容的深度和可读性，使得短视频在传达信息和思想时更容易被公众所接受和信任。③关注时政和社会热点。时政和社会热点是短视频制作中的重点话题，可以引发大量关注和讨论。制作人应该关注时政和社会热点，且以正向和积极的态度来创作短视频，以引导公众理性思考和正确看待问题。④整合独特的 IP 资源。除了自身的创作素材以外，独特的 IP 资源也可以在短视频制作中实现价值引导和舆论导向的效果。选取合适的 IP 资源并整合到短视频内容中，可以增加短视频的关注度，更好地实现价值传递和舆论引导。⑤考虑多维度的受众。在短视频的制作中，要考虑到受众的不同需求和文化背景，以更好地实现价值引导和舆论导向。例如，在涉及敏感话题的时候，制作者需要提高自身的舆论导向意识，尽可能避免负面社会效应。⑥创作有深度的内容。短视频的内容需要符合公众需求，同时需要有深度和内涵，才能提升短视频平台对公众的吸引力。在短视频的制作过程中，要注重深层次的思考，创作出更具有深度和内涵的内容。

舆论导向和价值观引导是短视频制作中的重要环节，对短视频的口碑和传播效果具有至关重要的影响。在实现舆论导向和价值观引导时，制作人需要注重短视频的主题和目标，注重内容的品质和风格，关注时政和社会热点以及整合独特的 IP 资源。在注重短视频舆论导向和价值观引导的关键要素的同时，还需要结合传统文化和新型文化特色，不断创新，深度挖掘，充分发挥短视频的优势和价值，才能够为短视频产业提供更多的可能性和贡献，同时促进传统文化和新型文化的融合和发展。

值得注意的是，短视频的舆论导向和价值观引导并不是让制作人迎合市场和舆论导向，而是要在传达短视频意图和价值的同时，关注公众的需求和情感共鸣，实现短视频创新和发展的良性循环。只有坚持原创和独特性的价值，始终关注世界的变化和社会的需求，建立起适应新时代的短视频创作理念，才能在短视频制作中实现更好的社会价值。

第五章　内容 IP 打造与短视频制作的结合

5.1 内容 IP 与短视频的融合发展趋势

5.1.1 内容 IP 与短视频的潜在合作机遇

内容 IP 和短视频是两个充满活力的文化领域，它们之间的融合发展趋势受到越来越多业内人士的关注。在这个过程中，内容 IP 和短视频的潜在合作机遇也越来越明显。下文将探讨内容 IP 与短视频的融合发展趋势，并分析内容 IP 与短视频的潜在合作机遇。

（1）内容 IP 和短视频的融合发展趋势主要表现在以下几个方面：①内容 IP 铺设短视频平台。随着内容 IP 市场的发展和短视频平台的兴起，越来越多的内容 IP 开始将业务扩展到短视频领域。一方面，内容 IP 可以借助短视频平台进行宣传推广，增加知名度和品牌价值；另一方面，内容 IP 可以将优质内容授权给短视频平台，拓展市场文化领域和观众决策场景，促进内外联动。②短视频创作借力内容 IP。短视频创作的特点是通过短小精悍的形式，迅速吸引观众的关注。此时，内容 IP 的知名度和影响力就显得十分重要。在制作短视频的过程中，通过借助内容 IP 进行创作，不仅可以节省创作成本，也可以提高创作的质量和受众观感，使得短视频获得更高的传播效果和市场价值。③内容 IP 与短视频的多元化融合。内容 IP 与短视频的融合不仅局限于简单的精简版或宣传片，在短视频制作中更大胆地融入内容 IP 的文化内涵和元素，使得短视频具备更多的故事情节、历史背景、文化价值等元素，可以提高观众的认知度和阅读体验。

（2）内容 IP 与短视频的潜在合作机遇。内容 IP 与短视频的融合发展趋势为二者之间的合作提供了更加广阔的空间和机遇。

①IP 能够为短视频带来高品质和高关注度的内容。IP 在短视频制作中可以提供高品质和高关注度的内容，为短视频的发展提供助力。一流的 IP 品牌同时也加强了用户对短视频的认知度。一旦成功打造了自己的品牌 IP，可以通过丰富的品牌形象和内涵来促进短视频的发展。

②IP 带来独特的形象和风格。在短视频领域，很难打造出独特的内容，而这正是 IP 价值的体现。许多成功的 IP 品牌都有自己显著的特色形象和风格，为观众带来愉快的体验。这些独特的艺术特色表现在角色塑造、剧情设计、画面风格、配乐和台词等方面，都有着鲜明的风格特点。因此通过整合 IP 资源，可以为短视频创作带来独特的形象和风格，加强短视频的品牌影响力。通过与短视频的合作，内容 IP 可以突破自身的格局和受众范围，开拓更大的市场空间。在短视频中，内容 IP 可以通过定制化、个性化的方式展现自己的文化魅力和内涵，更好地切入年轻观众和目标市场。

③提升短视频创作品质和影响力。内容 IP 对于短视频的创作有很大的促进作用。有了优秀的内容 IP 的支持，短视频创作者可以借鉴、引用和改

编内容 IP 中的精彩元素，从而拓展创作思路、提升创作品质和影响力。例如，通过借鉴内容 IP 的故事情节和剧情发展，短视频可以增加连续性、紧凑性和感染力，使得短视频更具阅读性和分享性，更能吸引观众的眼球。

④ IP 带来品牌效应和流量增长。IP 品牌在市场上具有高度的认可度，通过借助 IP 品牌，短视频可以加强品牌效应，提升自身的品牌价值和吸引力。IP 品牌具有很高的知名度和人气，其借助市场上的数据、评价和互动传播，可以在短视频平台上实现不断的流量增长和相关新媒体的运作，拓展市场领域和品牌价值。通过与短视频的合作，内容 IP 可以拓展更多的市场领域和产品形态，在市场竞争中获得更高的品牌价值和市场占有率。例如，通过在短视频平台上推出 IP 相关衍生品、活动，可以实现更好的品牌推广和品牌价值提升，从而增加品牌收益和盈利。

⑤ IP 品牌打造多维复合营销。短视频可以通过与其他渠道、其他领域进行联合合作，在 IP 品牌的推广上做足文章。通过线上线下结合的形式，打造多维复合营销，实现同步推广效果。在短视频的领域和知名 IP 品牌协作，可以把品牌推广效果最大化。

⑥ IP 品牌的衍生价值。IP 品牌的成功，通常伴随着丰富的衍生价值。在短视频领域中，通过 IP 润色、短视频配套内容的开发、与粉丝互动等多种方式，充分开发出 IP 品牌的潜在价值。短视频可以依托 IP 品牌建立独立的粉丝基础，从而实现过程性成长。内容 IP 与短视频的合作不仅可以促进文化元素的传承，还可以对文化元素进行更灵活、更多样的创新与发展。通过短视频的表现形式和传播方式，内容 IP 可以向更广泛的受众范围传递和推广自己的文化影响力，从而促进文化元素的创新、发展和传承，让文化元素更有生命力和活力。

　　从上面内容我们不难看出，IP 和短视频的合作有着广阔的前景和机遇。通过 IP 打造高品质和高关注度的内容，带来独特的形象和风格，增强品牌效应和流量增长，提高营销效益等，促进内容 IP 和短视频的合作，并突出其潜在机遇。同时，短视频也为 IP 品牌提供了一个新的推广渠道和传播路径，使得 IP 在短视频平台上得以推广和传播。通过短视频和 IP 品牌的结合，可以产生巨大的价值和能量，最终实现商业价值的转化和发挥。

　　（3）现今，短视频作为一种新兴的媒介，与 IP 有着良好的互动契合。短视频平台为 IP 品牌的发展提供了一个广阔的空间和机会。IP 品牌则为短视频创作提供了高品质的内容素材和创意灵感。二者结合，为双方带来了共同变革和成长的机会。以某网络游戏为例，随着 IP 衍生产品的不断增多，短视频成为了 IP 产品推广的新兴渠道。通过制作与该 IP 相关的短视频，推广自媒体和社交平台，不仅拓展了 IP 形象的受众范围，而且也为其借电影和 TV 剧等其他载体的 IP 塑造扩大影响。

　　总的来说，在短视频和 IP 组合的背景下，这两个领域各自存在自身的特殊性，引导二者之间的良性的互动需要一个相对漫长的时间。二者间良性的互动需要短视频创作者和内容 IP 打造者充分认识到合作对于双方可持续发展的必要性，同时需要对合作方法有一定了解。短视频制作者应该发现并掌握 IP 的独特价值，以创新的形式进行重塑和挖掘，推广 IP 形象。同时，内容 IP 制作者也应该积极分析受众的需求和喜好，并对 IP 内容进行深度的挖掘和探索，从而充分发掘 IP 价值的巨大潜力。

　　作为一种新型媒介，短视频可以发现并掌握 IP 的独特价值，将更好地分析受众的需求和喜好，以创新的形式进行重塑和挖掘，推广 IP 形象。

　　随着短视频大规模普及，越来越多的 IP 品牌也纷纷在短视频平台上进行推广。有些知名 IP 品牌就在短视频平台上形成。通过短视频，这些 IP 品牌进一步提升了市场知名度和影响力，为品牌营销创造了更多的机遇。

因此，可以说短视频与 IP 的结合为现代营销提供了新的思路和模式，也为品牌打造提供了更多的机遇。而且，短视频和 IP 的合作已经成为品牌营销领域的趋势。短视频所提供的互动和分享功能为 IP 品牌带来了无限的可能性，而 IP 品牌在短视频平台上的推广和传播，也为短视频平台提供了更加丰富和有趣的内容。随着短视频领域的持续增长，短视频和 IP 的合作也将不断发展壮大，成为品牌营销获得成功的重要手段。

内容 IP 与短视频的融合发展趋势和潜在合作机遇表明，二者之间的合作具有广泛的发展空间和创新潜力。作为内容 IP 或短视频创作者，需要深入挖掘各自的资源和优势，通过更灵活、更多样的方式进行合作和创新，不断提高品质和影响力，实现互惠互利，打造出更好的文化产品和文化消费习惯。同时，行业内也需要建立更加有效的合作机制和评价体系，及时发掘和挖掘内容 IP 和短视频创作的创新与价值，推动双方在合作中不断发展、共享互利。

综上所述，内容 IP 和短视频的合作具有广泛的合作机遇和创新潜力，需要各自结合自身特点和优势，以灵活多样的方式进行合作和创新，共同拓展市场、优化受众体验和提升文化品质。

5.1.2 内容 IP 与短视频的创作和传播模式

内容 IP 和短视频是两个充满活力的文化领域，二者之间的融合发展趋势已经逐渐形成，并且拥有更加广阔的合作机遇和创新潜力。在此背景下，内容 IP 与短视频的创作和传播模式也获得了重要关注。下文将围绕内容 IP

与短视频的创作和传播模式，进行详细的分析。

（1）创作模式。内容IP授权制作。一种常见的生产模式是内容IP授权制作。在这种模式下，内容IP的版权方将内容授权给短视频制作方，后者在授权下创作内容IP相关的短视频作品。此种模式的优点在于，短视频制作方可以借助内容IP的知名度和影响力，获得更高的品质和影响力。另外，这种模式也可以帮助内容IP更广泛地传播和宣传，进一步扩大影响力和受众范围。

联合创作生产。一种更加灵活的生产模式是联合创作。在这种模式下，内容IP和短视频制作方之间以平等的合作关系结合在一起，共同创作出符合市场需求的产品。在这一模式下，短视频制作方可以发挥自身的创意和技术优势，将内容IP进行创新和发挥，而内容IP方也可以通过这种模式进一步发掘自身的文化内涵和价值。

独立创作生产。此外，还存在另一种独立创作生产的模式。在这种模式下，短视频制作方着眼于原创性创作，以自己的想法和创意，发掘内容IP隐藏的文化元素和精髓，在保护知识产权的情况下，将内容IP的元素融合到短视频中。通过这种模式的创作生产，短视频可以更加全面、深入和自由地发掘内容IP的价值，构建更独具特色的产品体系，吸引观众关注和认可。

（2）内容IP与短视频的传播模式有如下几种：①平台传播。平台传播是应用最为广泛的短视频传播模式，平台传播可利用短视频平台的流量资源，将短视频的作品进行推广和宣传。此种模式的优点在于，短视频作品的流量受控于平台，可以更好地发挥平台的推广作用，并将短视频作品推荐给更多的观众，从而扩大影响力和覆盖面。②社交传播。社交传播是通过社交媒体、社交应用等社交技术工具进行传播，以社交传播的形式发掘受众的兴趣点和精神需求，并快速进行短视频传播。这种模式和短视频的内容有关，需要根据不同的内容 IP，选择不同的社交传播工具和策略，从而实现自身的营销价值和文化价值。③个人传播。个人传播是通过个人渠道，进行点对点的传播。随着社交媒体的普及和个人内容创作的兴起，个人传播模式也开始出现在短视频产业中。通过个人传播，短视频创作者可以直接将自己创作的短视频分发到目标观众中，建立个人粉丝社区和影响力。与此同时，内容 IP 也可以通过专业的个人传播推广机构和渠道，将 IP 内容传播至更大的受众群体中，增加自身的影响力。

（3）内容 IP 和短视频的生产和传播模式在实践中需要建立一种生态系统。这个生态系统应包括内容 IP 授权方、短视频制作方、投资方、营销方和受众等五个方面。

①内容 IP 授权方方面。要充分利用知识产权，完善内容 IP 的价值体系，并提供授权和管理服务，以有效保护自身知识产权。

②短视频制作方面。通过持续的技术创新和专业制作，提供更加高质量、个性化和定制化的短视频服务，满足受众的需求和市场的需求。

③投资方面。提供资金和资源支持，促进内容 IP 和短视频制作方的合作，为产业的发展提供保障和支持。

④营销方面。通过目标营销和推广策略，帮助内容 IP 和短视频制作方构建品牌形象和知名度，从而提高产品的市场竞争力和品质价值。

⑤受众方面。关注受众的需求、兴趣和消费习惯，实现内容 IP 和短视频制作方广泛的受众认可和口碑效应，为产业的健康发展提供保障。

内容 IP 和短视频作为两个全新的文化领域，已经逐渐形成了一种融合发展趋势，具备更加广泛的合作机遇和创新潜力。通过对内容 IP 和短视频的生产和传播模式进行探究和分析，发掘出当前二者之间的合作模式和市场优势。事实上，只有通过共同的努力和合作，才能实现内容 IP 和短视频的融合共赢，打造出更符合市场需求和文化传承需求的产品，为更多的受众提供更优质、更有价值的文化产品和服务，同时建立内容 IP 与短视频的生态系统也是推动二者融合发展的关键。通过建立完善的生态系统，内容 IP 和短视频制作方可以更加高效地协同合作，提供更加优质、专业和个性化的产品和服务，从而满足不同受众的需求，扩大品牌影响力和市场占有率。

在未来的发展中，值得注意的是，随着技术和市场的不断发展，内容 IP 与短视频的生产和传播模式也将不断创新和调整。同时，内容 IP 和短视频制作方也需要更加敏锐地把握市场的变化和受众的需求，不断提升自身竞争力和创造力，实现自身价值的最大化。

综上所述，内容 IP 与短视频的生产和传播模式已经逐渐成为文化产业发展的新趋势。通过对内容 IP 与短视频的生态系统进行建立和优化，打造出更加高效、优质和专业的产品和服务，再加上市场营销的创新和推广，内容 IP 与短视频的融合将会有更加全面和多元化的发展，成为文化产业中的重要组成部分，向着更具价值和意义的方向发展。

5.2 内容 IP 与短视频的舆论引导与价值观引导

5.2.1 内容 IP 与短视频的创作理念与规范

内容 IP 和短视频作为两个充满活力的文化领域，不仅具有广阔的市场前景和创新潜力，也有着重要的价值观引导和舆论引导的任务。内容 IP 和短视频的创作理念与红线规范是实现其价值观引导的基础和保障。下文将围绕内容 IP 与短视频的创作理念与红线规范，进行详细分析。

（1）内容 IP 和短视频是当今文化产业中的两个重要组成部分，也是随着新媒体时代的到来而得以不断发展的文化形式。在这个发展过程中，创作理念作为基础和保障，对其质量和成败起着至关重要的作用。本书将以内容 IP 与短视频的创作理念为主题，从文化自觉、审美自觉和价值自觉三个方面进行探讨。

首先，文化自觉是内容 IP 和短视频创作的首要原则。在内容 IP 和短视频创作中，文化自觉指的是要有足够的文化认知和文化内涵，深入挖掘文化价值，将其融入到作品创作中。具体来说，文化自觉不仅包括对中国传统文化和地域文化的理解与尊重，还应包括对国际文化多元化和开放性的认知和包容。在创作过程中，创作者们应通过文化意识，打造更加有历史深度、文化内涵的内容 IP 和短视频作品，同时也应呼吁更多的人士共同推广文化传承的理念。

其次，审美自觉是内容 IP 和短视频创作的另一个重要因素。审美自觉首先意味着对视觉、声音以及视听组合的技巧和审美规律的认识，同时也提倡创作者对成功案例的学习借鉴。要做好内容 IP 和短视频创作，审美是无法忽视的方面，理解受众的审美需求、创作符合审美观的作品，是创作者需要掌握的技能。在此基础上，还应积极地开展审美教育相关的工作，提高受众的美学素养，培养公众的审美能力，为文化产业发展作出贡献。

最后，价值自觉是内容 IP 和短视频创作的重要理念之一。价值自觉指的是创作者应该始终保持对正义、善良、公正等价值观的认知和关注，用自己的双手打造具有价值内涵的作品。在创作过程中，价值自觉需要体现在内容的选择、价值表达形式和言辞之中。价值自觉不仅是单纯制造美的榜样，也应当遵守道德准则、传播正面价值观，为社会道德建设贡献自己的智慧与力量。

（2）内容 IP 和短视频已经成为了网络文化产业中的热点。然而，随之产生的内容粗俗、不良导向等问题也引起了广泛的担忧和讨论。为了避免不良内容的产生和传播，规范内容 IP 和短视频的创作和传播活动，确保健康文化的传播，必须强化内容 IP 与短视频的规范。

①法律规范。法律规范是内容 IP 和短视频的创作和传播过程中必须严格遵守的原则之一，包括法律法规、规章制度等众多方面。例如，内容 IP 和短视频的制作方应该在版权方面遵循法律的规定，避免侵犯他人的知识产权。另外，在拍摄短视频时，也应该遵循"你拍摄，我同意"的原则，避免损害他人的肖像权和隐私权。此外，对于低俗、色情以及暴力的内容，也应该严格避免，确保健康向上的传播活动。

②社会责任规范。社会责任规范指的是内容 IP 和短视频创作者在创作和传播过程中应承担的社会责任，包括各种道德、伦理规范。例如，在制作内容 IP 和短视频的过程中，制作者应当重视传播正能量、积极向上的内容，而不是危害社会稳定，违背社会公序良俗的内容。特别是在青少年的教育、培养过程中，对于不适宜青少年观看的内容，制作者一定要严格限制，保证内容健康、阳光。

③文化规范。在内容 IP 和短视频的创作和传播过程中应当遵循文化规范。这需要制作者提高对文化传统的认识和理解，他们应当尊重并避免侵害各个民族的文化价值和历史文化遗产。当然，也要力争将丰富多彩的民族文化通过内容 IP 和短视频的方式更好地传递出来，为社会稳定和文明的传承作出积极的贡献。

内容 IP 和短视频的规范需要大家共同推进。作为制作者，可以通过提高自己的文化素养和法律知识，加强对内容质量的监管和把关。作为广大用户，也应该增强自我审查意识，避免追求低俗、暴力，以及其他不良内容。只有坚持在法律、社会责任和文化等各个方面全面规范内容 IP 和短视频的创作和传播，才能保证健康、绿色、安全的网络文化生态。同时，政府、企业、社会组织和广大公众等各方也应共同参与，为内容 IP 和短视频规范建立起更加完善和严厉的监管体系，切实保障公众权益和网络传播秩序。

内容 IP 和短视频的创作理念与规范是实现价值观引导和舆论引导的必要条件，在文化产业的发展中具有不可替代的作用。在内容 IP 和短视频的创作理念方面，应该注重文化自觉、审美自觉和价值自觉，从而实现文化产品的文化价值以及内涵的深度和广度。在规范方面，应该注意法律规范、文化规范和社会责任规范，提高整个产业的社会责任和公共形象，使自身成为文化产业发展的重要引领力量。通过内容 IP 和短视频创作的理念和规范的全面推进，不仅可以推动文化产业的健康发展和升级，而且可以为受众提供更加优质、多元和具有影响力的文化产品和服务，为社会文化繁荣和进步作出贡献。

未来，内容 IP 和短视频的创作理念与规范还将不断面临新的挑战和变革，需要创作者和从业者不断学习和调整自身的思维和工作方法，不断强化责任感和使命感，更好地肩负起价值观引导和舆论引导的任务。同时，也需要整个社会共同参与和支持，共同打造健康文化环境和氛围，共同推进文化产业的发展和升级。

5.2.2 内容 IP 与短视频的社会责任与价值导向

随着移动互联网的迅猛发展，内容 IP 和短视频逐渐成为了网络文化产业的新热点。内容 IP 和短视频的优势在于其轻松、易传播、生动形象的特点。然而，在内容 IP 和短视频创作的过程中，也存在一些无序、低俗、不良的内容，特别是一些扭曲历史、措辞不当、粗俗低劣的内容，这不仅仅有损于文化精品的创作和传播，还会对社会秩序和国家形象带来负面影响。

（1）内容 IP 和短视频的发展必须要承担起自己的社会责任，应当弘扬正能量、正义精神和道德观念，对社会公共利益和社会稳定起到促进作用。因此，内容 IP 和短视频在拍摄和推广过程中，应遵循以下社会责任：

首先，内容 IP 和短视频应该承担起宣传和弘扬正能量、引领社会良好风尚、提高社会文明程度的社会责任。创作人员应该通过 IP 塑造角色定位，注重表现人性关怀和道德情感的深度和广度。因此，内容 IP 和短视频必须追求创新，创作优质的原创产品，进一步提高 IP 品质和对文化产业作出贡献。当然，在涉及公益等领域时，应突出 IP 与公益等领域关系，引领社会关注公共利益和文明进步。

其次，内容 IP 和短视频需要树立正确的价值观念和教育观。由于内容 IP 和短视频是一种媒介资源的传播方式，在传播中必须遵循价值导向，尊重观众的审美情趣、文化背景和社会心理。特别是对于年轻人，应引导他们树立良好的人生观、价值观和人文精神，以避免低俗、浅陋等悲观思想的危害。同时，内容 IP 和短视频应该注重培养青少年的识别力、评价力、创造力和创新精神，引导青少年成长为有批判性的、具有高度社会责任感和创新精神的人才。

最后，内容 IP 和短视频需要建立必要的监管体系，确保其内容健康、绿色、安全和有序的传播。在互联网领域内，监管是行之有效的保障，同时也是内容 IP 和短视频对社会负责的表现。政府、企业和社会组织应该共同参与，为内容 IP 和短视频的规范建立更加完善和严谨的监管体系，切实保障公众权益和网络传播秩序。

（2）除了承担社会责任，内容 IP 和短视频也必须坚持价值导向，传递健康正向的价值观念，以营造健康向上的文化环境。

内容 IP 和短视频的价值导向是伴随其发展而产生的重要课题。在内容和创新方面，它们应坚持健康的、和谐的文艺创作标准。在引领潮流、能够满足人们需求的同时，内容 IP 和短视频应始终倡导健康、积极向上的价值导向，传递正面信息，呈现美好、真实、温馨的一面。

首先，内容 IP 和短视频需要坚持积极向上的价值导向。作为一种文化产品和信息传播载体，内容 IP 和短视频应承担与其作用相匹配的社会责任，在传递信息的同时能够传递积极向上的价值观和人文精神，倡导真善美的理念，呈现社会生活的善良、美好、真实、温馨的一面。

其次，内容 IP 和短视频需要注重人文关怀和弘扬人文精神。人文精神是 IP 和短视频的重要元素，是推广文化产品和塑造社会价值观的钥匙，应该在制作和传播过程中注重表现人文关怀，重要事件等应充满温情和人文精神。通过内容 IP 和短视频的形式，让更多的人了解、认识和欣赏文化遗产，加深对文化的理解和认识。

再次，内容 IP 和短视频需要坚持审美和质感并重的价值导向。现代社会越来越注重质感与审美，内容 IP 和短视频在制作过程中也应增强观赏性，提高作品的档案价值和美学价值。要积极践行学术审美精神、品位和呈现形式的美感价值。

最后，内容 IP 和短视频需要引导健康的生活方式，并积极展现社会和文化的积极一面。内容 IP 和短视频更多地展现积极向上的一面，阐述其健康、阳光、自信、人性等多种美好的思想和情感，引发人们心灵的共鸣。内容 IP 和短视频还应积极承担宣传推广健康生活方式的责任，呼吁广大群众关注自身健康，让广大人民群众得到更加全面和科学的健康知识，努力为全民健康和社会和谐作出贡献。

综上所述，内容 IP 和短视频的社会责任和价值导向不仅仅是传媒从业者们的责任，而且应视其为一种人文事业。幸运的是，人们对文化事业的热情和关注度越来越高，为文化产业的发展注入了新的活力。我们应该认真调查和研究行业内部的情况，建立既有创新性又有贡献意识的文化产业体系，为创造一个美丽、健康、富有的未来谱写新的篇章。只有这样，内容 IP 和短视频产业才能够积极发挥作用，为社会的和谐发展注入强大力量。

5.3 内容 IP 与短视频的商业模式与社会贡献

5.3.1 内容 IP 与短视频的品牌形象与社会贡献

内容 IP 和短视频是现代数字时代中流行的两种新型多媒体形式，它们可以通过传播趣味性的内容来吸引观众，同时对于品牌形象和社会贡献方面也产生了积极的影响。下面将对内容 IP 和短视频在品牌形象和社会贡献方面的作用进行详细探讨。

（1）在当代市场竞争中，品牌形象建设已成为企业成功的关键因素之一。其中，提升品牌知名度是至关重要的一环。对于运营者而言，通过制作和推广优质的内容 IP 或短视频，可以提升品牌知名度，同时吸引更多的受众，从而扩大受众范围。在这个过程中，品牌形象会逐渐变得更加可见和具体化，从而为品牌运营带来巨大的利益。

另外，一个充满活力和魅力的品牌形象也是品牌建设的重要方面。创造一个有感染力的品牌形象对于品牌连接消费者、建立品牌与受众之间的共情意义重大。通过内容 IP 和短视频的传播，品牌可以生动地传达出品牌理念、故事和经营理念等多层次元素，从而表现品牌形象，增加受众对于品牌的认同和好感。

此外，内容 IP 和短视频也是展示品牌特点和优势的有力工具。在这个过程中，品牌可以更加轻松地展示其独有的特点和优势，打造出品牌独立的风格。通过影像、视频和声音等形式，品牌形象中的生态文化、社会责任和品质等特征得到了更加直接的传达，品牌的品质与诉求得以承载，受众也能够分享品牌的文化精髓。

（2）除了品牌形象建设，内容 IP 和短视频还在社会贡献方面产生了积极的影响。首先，内容 IP 和短视频在传播社会正能量和提升社会责任意识方面发挥了积极作用。这种做法有助于提高社会自身向善的意识，促进品牌向社会宣扬其所担负的社会责任，加强品牌与消费者之间的良好互动，从而维护良好品牌形象。短视频和内容 IP 的制作和传播可以帮助塑造文化氛围和社会风尚，激发人们的社会意识和担当精神。

其次，内容 IP 和短视频还能推广消费文化，通过传播一系列有趣、有用、有文化内涵的内容，可以引导消费者更加重视品牌产品和服务质量。短视频和内容 IP 的推广在品牌建设方面发挥着重要的作用。它们不仅可以提高消费者对品牌相关产品的了解和认知度，还可以让消费者清楚地了解品牌的理念与价值观。通过短视频和内容 IP 的宣传，品牌可以把自己的形象和理念更好地传达给消费者，让消费者对品牌建立信任和认同。比如，各种众筹平台通过短视频和内容 IP 宣传，让人们了解到其特点和优势，提高人们众筹思维，进一步推动行业的发展和进步。

此外，短视频和内容 IP 的兴起也带动了视频、音乐、剧本和游戏等相关产业的发展，有力地促进了经济的增长和就业岗位的增加。内容 IP 和短视频作为娱乐和传媒产业的重要组成部分，随着其在市场中的表现力不断提升，也为各相关产业的进一步发展提供强有力的支撑，创造并推动了产业链的发展和经济的繁荣。同时，随着短视频和内容 IP 的不断发展，在其背后，更有诸如影像研究、营销分析等大量行业研究和技术开发等重要产业环节的发展，从而推动了各领域人才的培养和产业日益壮大。比如，近年来，各大视频平台在 IP 内容领域的积极投资和深耕细作，进一步扩大了 IP 内容对于互联网文化产业的影响，同时创造了大量的产业和就业岗位。

最后，内容 IP 和短视频的学习和制作也有助于提高人们的数字素养和促进教育的发展。数字素养是指人们对数字信息的理解、创造、处理和传递能力。内容 IP 和短视频的兴起，使得数字素养成为人们关注的焦点。通过内容 IP 和短视频的学习和制作，可以让更多人了解到这些技术和工具背后的原理，从而提高数字素养。

在短视频和内容 IP 制作中，采用了各种数字技术和工具，如视频制作、设计和剪辑软件等，这些都需要一定的数字素养。通过短视频和内容 IP 的制作，人们可以了解到数字技术和工具的工作原理和使用方法，掌握这些技能，提高自己的数字素养水平。内容 IP 和短视频也可以作为一种优质教育资源和学习资源。随着短视频和内容 IP 的不断发展，这些资源已经成为教育领域的重要组成部分。短视频和内容 IP 可以为教师提供更加生动、有趣、多样化的教学资源，使得教学更加生动和易于理解。同时，通过短视频和内容 IP 的学习和制作，还可以促进创新思维和知识共享，激发学生的学习兴趣，并让学生更好地理解知识点，同时也有利于学生的自我学习和探究。

综上所述，内容 IP 和短视频不仅在品牌形象方面起到了积极的作用，同时也推动了社会责任和公益事业发展、经济的增长、人们数字素养的提高等。因此，未来短视频和内容 IP 将越来越成为企业建立良好品牌形象的重要工具，同时也将成为连接企业与消费者、娱乐与教育的桥梁，持续对社会和行业的发展作出贡献。

5.3.2 内容 IP 与短视频的商业运营模式

随着数字化时代的到来，内容 IP 已经成为许多企业和个人创意的价值体现，以其独特的魅力和能引发用户共鸣的特性，吸引着大量的用户关注和产业市场的重视。以内容 IP 为核心的商业运营是一种通过创作、运营和营销的手段来将内容 IP 转化为商业价值的一种商业模式。

（1）下面就将以内容 IP 为核心的商业运营模式展开论述。

内容创作 + 衍生品销售。这种商业运营模式主要通过制作优质内容 IP，推广其品牌形象和知名度，并通过衍生品销售等方式实现商业价值的最大化。在内容 IP 的制作过程中，创作者围绕 IP 的主题和故事，不断打造出更具有吸引力的、深入人心的内容，以吸引更多品牌和用户的关注。在内容 IP 受到更为广泛的关注后，通过与衍生品厂家的合作，推出相关的衍生品，如图书、漫画、玩具等，为 IP 创作者带来收益的同时，进一步扩大了品牌影响力。

平台衍生推广模式。平台衍生推广模式是主要以平台为核心的运营模式，以平台的内容 IP 衍生推广为主要战略，即将平台上的内容 IP 进行延伸及衍生，形成新的特色和品牌卖点，以吸引更多用户的关注，并为平台提升商业价值。例如，某网络平台就以 ACG 类影音内容为重心，通过其强大的内容衍生推广能力扩大了影响力并被行业内外看重。此模式更注重平台自身的创造力和开放性，以不断创新及提取内容目标人群为宗旨，以更专业和科学化的方式进行平台运营和推广。

品牌营销模式。除了上述的内容创作＋衍生品销售、平台衍生推广模式外，品牌营销模式也是以内容 IP 为核心的商业运营模式之一。品牌在商业营销中起着至关重要的作用，而内容 IP 可以作为品牌形象推广的重要载体。例如，可以，以品牌中经典的角色形象为基础打造内容 IP，并将其推广为产品系列，通过各种渠道推广和营销，打造一个成功的企业。

社交平台营销模式。以社交平台为基础的商业运营模式，可以将平台用户转化为 IP 内容消费者，通过各种社交媒体平台进行内容营销。社交平台作为一个集合了众多用户和内容的平台，可以让更多人看到、了解和接受内容 IP，具有更广泛的受众和营销推广范围。

游戏化商业运营模式。游戏化商业运营模式将内容 IP 转化为虚拟的游戏化元素，通过包含元素奖励的互动体验，吸引更多用户参与，拉近用户与品牌之间的距离，形成更加稳固的用户关系。

区块链商业运营模式。区块链技术与内容 IP 的结合，可以将内容 IP 打造成为数字资产，使其在数字化时代流通价值更高，同时保证内容 IP 的合法性，避免非法的利用。区块链商业运营模式提供了站在技术创新角度进行 IP 数字化、知识产权数字化的可能性，这样的发展将使内容 IP 得到更好的保护和利用。

以内容 IP 为核心的商业运营模式因为其在内容创作和营销上的多种可能性而受到越来越多企业的关注和支持。然而，面对竞争和不断变化的用户需求，这种商业运营模式需要在不断更新和创新中才能取得更好的成效。

以内容 IP 为核心的商业运营模式已经在许多企业中得到了广泛的应用。由于其独特的内容和招牌 IP，为企业在市场竞争中所带来的巨大优势和价值肯定。

（2）随着移动互联网的普及和快速发展，短视频已经成为当下最受欢迎的娱乐和消费方式之一。越来越多企业和个人开始注意到短视频的商业价值，并积极探索以短视频为核心的商业运营模式，通过创作优质内容和有效营销推广，实现商业价值的最大化。

广告变现。短视频平台常用的商业化方式就是广告变现。针对不同的短视频内容和用户特点，广告商可以选择合适的营销方式向用户推销产品或服务，并从中获得收益。在激烈竞争的广告市场中，优质的短视频内容可以吸引更多用户关注，从而吸引更多广告商。短视频在商业营销中发挥了非常重要的作用，成为各个品牌的宣传新渠道。

电商营销。电商营销也是短视频商业化的重要方式之一。短视频平台可以通过对产品的线上介绍、实际演示以及品牌推广等方式，让用户更好地了解产品和品牌，推动电商的消费。一部分电商平台会投放专门的品牌商家广告，让从中获得更好的转化和用户沉淀率。

策划服务。随着短视频的发展，短视频策划也成为一种独特的服务形式。短视频策划公司可以为客户提供短视频制作、拍摄、剪辑、配音等专业服务，为企业在短视频领域的营销和宣传提供全面的支持，从而实现创意上的突破和商业价值的最大化。

赞助营销。短视频也可以通过赞助营销的方式实现商业化。通过赞助优质的短视频内容，品牌可以得到更好的推广和宣传机会，并吸引高质量用户的关注。赞助营销可以让品牌在短时间内获得更好的曝光率和口碑效应，同时短视频运营团队也可以获得稳定的经济来源，实现良性发展。

现今，许多短视频平台和品牌已经成功地实现了商业化运营，并在相应领域取得了一定的竞争优势。

（3）在当前的互联网时代，短视频平台已经成为一个重要的内容传播和营销渠道，而内容 IP 则是短视频平台的核心资源。通过内容 IP 和短视频平台的协同作用，企业和个人可以将优质的内容 IP 转化为商业经济价值。因此，如何实现内容 IP 和短视频商业模式的落地，是当前一个备受关注的话题。接下来，我们将从内容创作、商业运营、商业合作三个方面入手，深入探讨如何将内容 IP 和短视频商业模式结合起来，以获取更好的商业回报。

内容创作。内容 IP 的创作是实现商业价值转化的基础。在短视频平台上，内容创作需要遵循短、好、趣的原则，同时还需要考虑用户的需求和喜好，确保内容有趣、新颖、精准。内容创作需要有专业的创作技能和创意能力，同时也需要关注市场的需求和动态，不断创新和改进内容，试图吸引更多的粉丝和流量。

商业运营。商业运营是将内容 IP 转化为商业价值的重要途径。除了广告变现，短视频平台还可以通过电商营销、策划服务和赞助营销等方式实现更多的商业化运营。商业运营需要综合考虑用户需求、商业价值和社交影响力等多方因素，为商业合作提供全面和高效的支持。商业运营团队需要不断深入挖掘市场，了解不同行业和领域的商业机会，以应对不同风险和挑战，实现快速发展。

商业合作。商业合作是实现内容 IP 转化为商业利益的重要途径。商业合作旨在将品牌推广、产品销售、赞助合作等多种商业机会转化为实际商业价值。商业合作需要深度了解合作双方的需求和资源，制订详细的合作计划和方案，并考虑合同签署、商务洽谈和跟进协调等多方面因素。

综上所述，将内容 IP 和短视频商业模式充分结合起来可以实现更好的商业价值。作为一种借助移动互联网发展起来的新型传媒形式，短视频平台在未来还将继续发挥重要作用，将通过更多的技术和创意手段开拓更广阔的商业化领域。因此，在内容创作、商业运营和商业合作方面，需要不断创新和探索，以满足用户需求、提高商业价值和实现用户忠诚度。只有在内容 IP 和短视频商业模式的充分结合下，才能实现长期稳定的商业价值和可持续发展的目标。

第六章　内容 IP 打造与短视频制作的技术支持

6.1 AI 技术在内容 IP 打造中的应用

6.1.1 AI 技术的发展和分类

人工智能（AI）是指以人类智能为蓝本，通过计算机程序实现机器的智能和学习能力。AI 技术的发展，已经深入到了生产、生活和文化等方方面面，也为内容 IP 打造提供了更大的发展空间和机遇。在内容 IP 打造中，AI 技术的应用成为关键的策略和手段之一，AI 技术的快速发展和不断创新，为内容 IP 的创新和发展提供了更加广泛和多样化的技术支持和实践基础。

自 1956 年美国管理科学家约翰·麦卡锡将人工智能这一概念提出以来，人工智能在过去的数十年中发展出了许多技术，并在大数据和互联网的推动下，进入了新的旅程。从粗糙的人工智能开始，到现在的深度学习 AI，技术手段越来越先进，应用场景越来越广泛。人工智能技术的历程主要分为以下几个阶段：

①符号主义 AI 阶段。这一阶段主要是将人类知识表示为一组逻辑符号，然后再应用这些规则来处理数据。这种方法是人工智能发展的第一步，但是它的应用范围很受限，也未能真正实现人类智能行为。②连接主义 AI 阶段。人们开始将人类大脑当作实现智能的一个参考对象。人工智能技术开始根据大脑神经元和神经网络的工作原理，进行数学模拟，在某些领域的表现开始超越符号主义 AI。③统计学习 AI 阶段。这是人工智能技术中最重要的转折点之一。统计学习主要基于数据挖掘和机器可以独立进行训练的能力。这种方法脱离了对高度精确人类知识的依赖，并且将人工智能技术应用于自我训练的任务。这是实现通用人工智能的重要里程碑。④深度学习 AI 阶段。深度学习是一种新的机器学习方法，它模拟人脑的工作方式，可以自动学习底层的特征表示，在许多人工智能应用领域中超过了之前所有的算法和方法。近年来，大规模的神经网络基于深度学习的方法，如卷积神经网络（CNN）和递归神经网络（RNN），已被广泛应用于图像识别、自然语言处理、语音识别等领域。

目前，人工智能技术已经广泛应用于医疗、金融、交通、安防、智能家居等领域。下面将详细介绍人工智能技术的分类。

机器学习技术。机器学习技术是一种应用数学、统计学和计算机科学方法的计算机技术，旨在让计算机模仿人类学习，从而能够自动地从数据中获取知识，并进行自主学习和优化。机器学习技术的应用范围非常广泛，包括语音识别、自然语言处理、图像识别、医疗诊断等领域。常见的机器学习方法包括支持向量机、决策树、随机森林、神经网络等。

深度学习技术。深度学习是机器学习技术的一种，它主要基于神经网络的模型，通过模仿人类神经系统的功能，来学习和理解大量未标记或不清晰的数据。深度学习技术在图像识别、语音识别、自然语言处理、自动驾驶等领域有着广泛的应用。著名的深度学习模型包括卷积神经网络（CNN）、循环神经网络（RNN）等。

自然语言处理技术。自然语言处理技术是一种充分利用计算机技术和语言学知识的交叉学科技术，它旨在让计算机能够处理自然语言，包括语言的理解、生成和翻译等任务。自然语言处理技术可以让计算机理解自然语言输入并回应，从而实现人机交互。该技术的应用包括聊天机器人、自然语言翻译、智能客服等。

计算机视觉技术。计算机视觉技术是一种利用计算机代替人眼对图像和视频进行处理和分析的技术。该技术主要包括特征提取、目标检测、图像分割、目标跟踪等方面。计算机视觉技术已经广泛应用于人脸识别、车辆识别、安防监控等领域。一些成熟的计算机视觉技术包括卷积神经网络（CNN）、AdaBoost 等。

推荐系统技术。推荐系统技术是一种充分利用用户历史行为数据和算法模型，向用户提供个性化、精准推荐的技术。根据不同的推荐算法模型，推荐系统技术可以分为基于矩阵分解的方法、基于神经网络的方法、基于规则的方法等。推荐系统技术的应用非常广泛，包括电商推荐、社交媒体推荐、新闻推荐等。

智能家居技术。智能家居技术是一种将智能技术应用到家庭场景中，实现家居设备和环境的自动化、智能化管理的技术。智能家居技术不仅能够为住宅提供高度自动化的智能管理，还能够实现人机交互，为居民提供更加舒适、便利的居住环境。智能家居技术的应用领域包括智能灯光、智能温控、智能窗帘、智能家电等。

医疗健康技术。医疗健康技术是一种将人工智能技术应用于医疗领域的技术，其主要目的是提高医疗管理及治疗的效率、精准度和安全性，为患者提供更好的医疗服务。医疗健康技术的应用包括影像诊断、医疗数据处理、药物研究等。

自主驾驶技术。自主驾驶技术是一种将人工智能技术应用于交通领域的技术，其主要目的是实现车辆的自主导航、自主控制和智能决策，让车辆能够更加安全、高效地行驶。自主驾驶技术的应用包括无人驾驶汽车、智能交通监管等。

智能系统控制和优化技术。智能系统控制和优化技术是一种利用人工智能技术进行精准控制和优化系统运行的技术。该技术主要应用于各种大型设施或系统的自动化控制与优化，例如城市基础设施管理、航空交通管理和能源系统等。

综上所述，人工智能技术的分类非常广泛，每个技术都有其独特的应用场景。对于企业和个人而言，了解人工智能技术的分类有助于更好地选择合适的技术，并将其应用到生产或生活中，提高工作效率和生活质量。同时，也有助于推动人工智能技术的不断发展和完善，促进人工智能技术在各种领域的广泛应用。未来，随着人工智能技术的不断深化和应用范围的不断拓展，人与机器的交互也将更加自然和智能化，为人类社会带来更加便捷、高效的服务和生活体验。

除了以上分类，AI 技术在内容 IP 打造中还具有其他重要的应用场景和技术方向。例如，基于深度学习和神经网络的推荐算法，可以实现内容的精准推荐和个性化匹配。基于自然语言生成技术的智能辅助创作和自动生成等技术，可以实现高效便捷的内容创作和优化。基于虚拟现实和增强现实技术的互动体验和沉浸式体验等技术，可以实现更加丰富、细致的内容呈现和用户参与。

可以说，AI 技术在内容 IP 打造中的应用场景非常广泛，同时也具有极其重要的实践意义和发展前景。通过不断拓展应用场景和技术手段，AI 技术可以帮助我们更好地构建内容 IP，提升内容 IP 的价值和影响力，打造更加丰富、多样化的文化产品和娱乐体验。在未来的内容 IP 打造中，我们需要深入研究和应用 AI 技术，不断创新和探索，让 AI 技术在内容 IP 领域更好地服务于人类的文化和娱乐需求，为文化创新和社会发展作出更大的贡献。

6.1.2 AI 技术在内容 IP 打造中的实践和应用

在实践中，AI 技术已经被广泛应用于内容 IP 打造的各个环节，例如内容的构建、用户互动和数据分析等方面。其中，机器学习、自然语言处理和图像处理等技术，成为了 AI 技术在内容 IP 打造中的重要应用手段。下面将就各个方面进行详细阐述。

首先是基于机器学习的智能推荐。机器学习是人工智能领域的一个重要分支，也是内容 IP 打造中的重要应用手段。机器学习的工作原理是通过收集大量的数据，利用算法训练和学习，然后根据这些学习结果对未知数据进行预测和分类。在内容 IP 打造中，利用机器学习的智能推荐系统可以对用户的行为、偏好和历史数据等进行分析和挖掘，从而实现内容的个性化推荐和匹配。同时，智能推荐系统还可以根据不断收集的数据自我学习，不断优化推荐效果。在内容 IP 打造中，利用机器学习的智能推荐系统是为用户提供更加丰富和有趣的内容体验的重要途径之一。

以电影 IP 为例，智能推荐系统可以根据用户的地理位置和历史观影记录，推荐附近的电影院；同时，还可以根据用户的评分、评论、观看记录等信息进行分析，针对用户的个性化需求和喜好，提供精准的影片推荐，从而提高用户的满意度和参与度。此外，智能推荐系统也广泛应用于文学、音乐、游戏等领域。例如，在文学 IP 打造中，智能推荐系统可以通过对用户的阅读习惯和阅读历史的分析，实现个性化推荐和定制化服务。在音乐 IP 打造中，智能推荐系统可以根据用户的听歌历史、评分、分享、收藏等信息，推荐符合用户喜好的歌曲。在游戏 IP 打造中，智能推荐系统可以根据玩家的游戏历史、角色偏好、游戏胜率等信息，推荐个性化的游戏玩法和新内容。

基于机器学习的智能推荐是前沿的技术手段之一，可以提高内容 IP 的吸引力、参与度和活跃度。通过利用机器学习算法的训练和模型的优化，可以实现对用户兴趣和需求的更加准确的理解，从而提高内容 IP 的个性化推荐和匹配。未来，随着人工智能技术的发展，基于机器学习的智能推荐系统还将有更广泛的应用场景和更深入的发展方向。

其次是基于自然语言处理的内容智能生成。随着人工智能技术的快速发展，自然语言处理技术（NLP）在内容 IP 打造中的应用逐渐更受人们关注。基于 NLP 技术，内容 IP 的生产效率和质量将大大提高。下面将从内容智能生成的角度，探讨 NLP 技术在内容 IP 打造中的实践和应用。

作为人工智能的一个重要分支，NLP 技术主要致力于将人类的语言信息转化为机器可以识别和处理的形式。自然语言处理技术的广泛应用使得 AI 可以分析和处理大量复杂且无结构的自然语言数据，并从中获取有效信息。基于这个优势，NLP 技术在内容 IP 中的应用非常广泛，尤其是内容智能生成方面。内容智能生成是指利用人工智能技术对文本、图像等数据进行分析和处理，从而自动生成相应的内容。在内容 IP 打造中，NLP 技术的应用范围十分广泛，可以涵盖小说、漫画、游戏等多个领域。

以小说 IP 为例，NLP 技术可以通过分析现有文本进行数据学习，并生成相应的文本内容。根据人物特征、情感和背景等元素分析，能够自动生成符合原作精髓和用户兴趣的新故事。换言之，利用 NLP 技术，可以降低内容撰写的人力和材料成本，实现快速扩展内容类型。在游戏 IP 打造方面，NLP 技术也能够为游戏内容的生成和优化提供支持。使用 NLP 技术对用户行为、游戏场景和人物设定进行分析后，能够自动生成打斗场景、任务剧情等内容。因此，利用 NLP 技术，游戏开发团队可以依赖人工智能快速生成游戏内容，大大缩短开发周期和增加创新内容的数量。

另外一个重要的应用领域是高交互性漫画。利用 NLP 技术，读者可以自由选择漫画人物的性格、身世和特点，随后根据用户提交的信息和喜好，自动生成相应的漫画情节、对话和视觉效果。基于 NLP 技术的漫画互动方式，既使得阅读更加有趣和个性化，又为漫画 IP 打造提供了更多的创新可能。

总体而言，通过利用自然语言处理技术的支持，内容智能生成能够实现对文本内容的自动创作。在未来，NLP 技术将会越来越成熟，也必将在内容 IP 打造中的应用中发挥出不可忽视的作用，同时也将为用户提供更加丰富和个性化的内容体验。

最后是利用图像处理技术实现自动化制作。图像处理技术已经成为内容 IP 制作中不可或缺的技术支持。人工智能技术的快速发展，使得图像处理技术可以更快速达到图像处理的要求。在内容 IP 制作中，利用图像处理技术可以实现自动化制作，大大提高生产效率和内容质量。下文将从自动化制作的角度，探究 AI 技术在内容 IP 打造中的实践和应用。

自动化制作是人工智能技术在内容 IP 制作中的一个重要应用领域，它以图像处理技术为支持，实现内容 IP 制作过程中的自动化处理和管理。自动化制作通常分为两个方向，即自动化生成和自动化编辑。利用图像处理技术，自动化生成可以实现由计算机自动生成内容 IP 中的场景、人物等元素。通过将图像和文本输入到计算机模型中，可以实现自动生成设计元素，从而大大提高生产效率。例如，在视频 IP 制作中，通过利用图像处理技术，可以实现自动生成场景、人物、动态特效和视频字幕等设计元素，从而快速实现制作流程。例如图像合成技术、自动封面制作、自动歌词制作等就是基于图像处理技术实现的内容制作自动化的实践案例。

利用图像处理技术，自动化编辑可以实现内容 IP 对于编辑制作过程的自动化处理。例如，在电影 IP 制作中，发行商可以使用自动化编辑技术的工具对大量视频素材进行自动化处理和分析，制作出优质视频内容。此外，自动生成摄影照片、设计图像等也可以实现大规模的自动编辑制作，从而提高生产效率和降低成本。自动化制作技术的发展，不仅可以提高内容 IP 制作的生产效率和质量，还可以极大降低制作成本。而且，在应对人力短缺和处理复杂场景时，自动化制作技术还可以极大地提高生产效率。另外，自动化制作技术的应用范围还将不断扩展，例如在游戏 IP 的制作中，自动化制作可以大幅度提高游戏内容的制作效率和质量，缩减时间成本。

利用图像处理技术实现自动化制作是人工智能技术在内容 IP 制作中的一个重要应用方向。随着技术的不断进步，该领域将会有越来越广泛的应用场景。

除了以上几个方面，AI 技术在内容 IP 打造中还涉及多种应用场景和技术手段。例如基于语音识别技术的智能客服、基于虚拟现实技术的沉浸式体验、基于人脸识别技术的场景互动，等等，这些应用手段和技术方向都在不断地拓展和创新，为内容 IP 的打造提供更加广泛的支持和服务。

AI 技术在内容 IP 打造中的应用场景和实践非常丰富和多样化。通过不断创新和实践，可以不断拓展 AI 技术的应用场景和技术手段，提升内容 IP 的创意性、互动性和推广效果。同时，AI 技术还能够推动内容 IP 的自动化制作和智能化更新，进一步提升内容 IP 的生产效率和更新速度，为用户带来更加优质、多元和个性化的内容体验。

然而，AI 技术的应用也面临着一些挑战和问题。例如数据采集和模型训练的质量与效率、算法的精准性和普适性、隐私保护和安全性等方面，都需要在 AI 技术的应用中得到关注和解决。此外，AI 技术的发展也需要考虑与道德和伦理等方面的平衡，保证 AI 技术在内容 IP 打造中真正发挥其促进文化创新和社会发展的作用。

综上所述，AI 技术在内容 IP 打造中具有广泛的应用场景和重要的实践意义。通过机器学习、自然语言处理、图像处理等技术的结合和应用，可以实现内容 IP 的个性化构建、精准推荐和定制服务，从而提高内容的互动性和吸引力。同时，AI 技术也推动了内容 IP 的自动化制作和智能化更新，进一步提升了内容 IP 的生产效率和更新速度。在未来的探索和实践中，我们需要不断拓展应用场景和技术手段，进一步发挥 AI 技术在内容 IP 打造中的作用，促进文化创新和社会发展。同时，也需要注重数据隐私和安全、算法准确性和公正性等方面的问题，保证 AI 技术的应用和发展能够为人类社会带来更多的价值。

6.2 AR/VR 技术在短视频制作中的应用

6.2.1 AR/VR 技术的重要意义和功能特点

AR（增强现实）和 VR（虚拟现实）技术在近年来迅速发展并被广泛应用于各个领域。短视频作为一种新兴的视频形式，在信息流传播、文化转化和社交分享等方面具有不可忽视的重要意义。在此背景下，AR/VR 技术在短视频制作和传播中的应用成为了一个新的发展方向。AR 技术可以实现现实世界的场景增强和互动，而 VR 技术则可以实现虚拟世界的沉浸式体验，两种技术的结合可以实现更加丰富多彩的短视频制作和传播方式。下面将对 AR/VR 技术的重要意义和功能特点进行详细阐述。

增强现实技术的应用。AR 技术可以在真实世界的场景中通过投影、模拟等技术手段，实现虚拟物体的增强和互动体验。在短视频制作中，AR 技术可以实现实景的增强和变化，例如添加 3D 物体、数字化角色、虚拟场景等，从而提高短视频的观看体验和吸引力。AR 技术可以实现在实景背景中添加虚拟物体，让观众可以通过手机或其他终端设备来感受到创意的虚拟世界，进而提高内容的趣味性、美感和新奇性。如某款基于定位与增强现实技术的手机游戏，其玩家可以在现实世界中寻找并捕捉虚拟宠物，从而可以增加游戏的乐趣。

虚拟现实技术的应用。VR 技术可以实现虚拟世界的沉浸式体验，让观众感受到真实场景的代替体验。在短视频制作中，VR 技术可以为观众打造一个虚拟的世界，以及超现实的视觉体验，从而提高短视频观看的参与度和感受效果。VR 技术可用于提高体育直播体验，例如观看国际足球比赛等。使用 VR 技术，人们可以在虚拟现实环境中感受到比赛现场的氛围，包括观众的呐喊声和球迷的欢呼声，让球迷们留下更加难忘的体育赛事回忆。

沉浸式体验的特点。AR/VR 技术可以为短视频制作带来更加沉浸式的体验，让观众有一种身临其境的感受。在 AR 技术中，虚拟物体可以与真实世界的环境进行融合，这种真实和虚拟的交互感可以引发观众探究和探索的兴趣和欲望。而在 VR 技术中，观众可以完全的置身于虚拟环境中，与虚拟世界的情节互动。实现沉浸式体验需要多方面技术的支持，例如三维建模、渲染技术和运动控制技术等，但沉浸式体验所能提供的交互性和体验感却是其他技术难以比拟的。

AR/VR 技术具有远胜于传统传媒的沉浸式体验，其最大的特点是能够让用户感觉到自己与虚拟现实之间的交流是真实的、直观的，它可以让用户直接参与到虚拟或增强现实世界中，获得更加完整和丰富的体验。例如游戏领域，VR 技术可以将玩家直接带进虚拟的游戏世界中，玩家可以通过耳机、手柄等设备与虚拟世界的游戏角色进行交互、探索、战斗等，这种交互感更加类似于真实的感觉，让用户充分体验到沉浸式游戏带来的刺激和快感。

此外，AR/VR 技术在教育、文化、艺术等领域也有着广泛的应用。例如，沉浸式体验可以让学生在虚拟世界中进行探索、实验等活动，学生可以更加直观地了解到教学内容。另外，在文化活动中，沉浸式体验可以让用户直接参与到传统文化中，让用户更加深入地了解文化，激发用户的文化兴趣。在博物馆中，可以利用增强现实技术，让用户在现实空间和虚拟信息之间进行互动，从而更好地体验和感受展览主题。

互动性的特点。AR/VR 技术作为新的技术形态，其最大的特点之一就是互动性。互动性是指AR/VR技术可以实现双向或多向的交互，让用户能够更加自由地探索虚拟世界中的信息。AR/VR技术通过不同的交互方式，如语音识别、手势识别、头部追踪及手柄、触屏等硬件设备，让用户能够直接参与到虚拟或增强现实的环境中，以提供更加符合个体化需求的体验。

AR/VR技术的应用领域广泛，其中最突出的应该是游戏领域。通过AR/VR技术，玩家能够更加深入地参与到游戏世界中，通过手柄、头盔等设备与虚拟世界的游戏角色进行交互，完成探索、战斗等，这种交互感更加类似于真实的感觉，让用户充分体验到沉浸式游戏带来的刺激和快感。

除此之外，AR/VR技术在教育、文化、艺术等领域也有着广泛的应用。例如，通过AR技术，学生可以更加直观地了解到教学内容，通过虚拟现实模拟实验和操作，直接参与到学科的研究之中；在文化活动中，AR技术可以让用户直接参与到传统文化中，让用户更加深入地了解文化，激发用户的文化兴趣。而VR技术则可以大大改善群众参与艺术和文化活动的体验，使其获得更高的参与感。互动性的特点为用户提供了一个更加自由的环境，这个环境不只是属于节目或场景，同时也属于用户。用户可以通过AR/VR技术，与环境进行互动，从而获得更加个性化的体验。通过对交互技术的创新和改进，人们提高了对虚拟或增强现实世界的探索和理解能力。

个性化的特点。AR/VR技术的另一个重要特点就是个性化，这是其在各类应用场景中的突出特点之一。个性化体验是指AR/VR技术可以针对不同用户的需求和兴趣，提供个性化的虚拟或增强现实体验，从而满足用户的个性化需求并提升用户的参与和体验感。这种特点的实现需要AR/VR技术在底层技术上、算法上、交互方式上等多个方面实现自适应，以满足不同用户的个性化需求。

在不同的领域中，AR/VR 技术的个性化特点得到了广泛的应用。例如，在商业领域中，AR/VR 技术可以根据不同消费者的需求和购买场景，提供个性化的产品展示、客户服务和购买体验。商业应用领域中的 AR/VR 技术通过手柄、眼镜等设备与消费者进行互动，支持消费者以自己的方式与虚拟信息进行交互，以获得个性化的购物体验。在教育领域中，AR/VR 技术可以为不同的学生提供个性化的教学内容和奖励。例如，通过分析学生学习过程中的表现数据，AR/VR 技术可以为学生提供个性化的学习路径和内容，支持学生进行更加深入和全面的学习。在艺术领域中，AR/VR 技术可以为用户提供个性化的艺术体验，例如在 VR 环境下进行艺术作品的创造和观赏，让用户可以在虚拟空间中以自己的方式进行文化和艺术的体验。

AR/VR 技术的个性化特点不仅可以满足多样化的用户需求，提升用户参与度和忠诚度，同时，还有助于交互模式的创新和改进，提升了用户体验感。这也促进了 AR/VR 技术和其他技术的结合，从而优化技术的应用效果并改善其应用方式。

AR/VR 技术在短视频制作中也具有重要的意义和功能特点。AR 技术可以实现现实世界的场景增强和互动，从而提升短视频的观看体验和吸引力。VR 技术可以实现虚拟世界的沉浸式体验和互动，从而增加短视频的参与度和感受效果。AR/VR 技术具有沉浸式、互动性和个性化等特点，可以让观众更加深入地体验和探索短视频内容。在未来的短视频制作中，我们可以进一步深入挖掘和应用 AR/VR 技术的潜力，创作更加精彩和多元的短视频内容，同时也需要注重技术的实践和应用，从而推动短视频及 AR/VR 技术的协同发展。未来，AR/VR 技术将成为短视频制作的重要工具和手段，推动短视频产业的进一步发展。

6.2.2 AR/VR 技术在短视频制作中的实践和应用

随着技术的发展和普及，AR/VR 技术已经成为当前数字娱乐和媒体产业的热门话题之一。AR/VR 技术在短视频制作中的应用，也成为短视频创作和营销领域的一个新趋势。下文将介绍近年来 AR/VR 技术在短视频制作中的应用和实践，并对其未来的发展进行初步展望。

（1）AR/VR 技术在短视频制作中的应用

AR/VR 技术被认为是数字娱乐产业未来的发展方向，其在短视频制作中的应用可谓是非常广泛和多元化的。其中，最重要的应用之一是 AR/VR 技术的全息投影和虚拟现实效果，这种技术可以使得短视频制作更加逼真，营造出更好的观影体验。通过技术的不断升级和完善，AR/VR 技术在短视频制作中的应用也越来越多样化和灵活，比如通过 AR 技术，可以让用户实时互动和识别视频场景，并且可以让用户体验更为生动的互动场景。

据悉，目前市面上已经有很多 AR/VR 技术已经应用于短视频制作。在短视频创作领域，AR/VR 技术在场景建模、图像识别、特效制作和真人互动等多个领域都有所表现。具体来说，AR 技术可以帮助短视频制作呈现更为逼真的场景和特效，比如在一个动画短片中，如果加入了一个虚拟实景效果，可以让人们有一种身临其境的感觉。而 VR 技术则可以更好地营造出真实的场景和生动的环境，这种技术可以将短视频制作变成一种更为真实的体验。

同时，AR/VR 技术也可以帮助短视频制作表现出更具多元化和创新性的内容形式。比如，创建有趣的短视频，可以利用 AR/VR 技术将场景和字符互动的模式更加生动地呈现出来，从而提供给用户更多的消费和参与体验。此外，AR/VR 技术还可以实现创意和互动性的结合，从而让短视频更加贴合用户的需求和欲望。例如，智能眼镜、AR 投影机等的发展，使得 AR/VR 技术可以应用于更加多样化的场景中，让短视频制作变得更具有趣味性和互动性，促进用户的积极参与

（2）AR/VR 技术在短视频制作中的实践

在 AR/VR 技术的应用过程中，需要从设计、制作到上线运营进行全程跟踪和优化调整。在实践过程中，主要涉及以下几个方面的内容：

①考虑短视频内容、场景和人物的定制化。AR/VR 技术针对的是不同种类的短视频制作，团队需要从短视频的分类、定位、场景和人物等多个维度，定义短视频的 AR/VR 应用方向和形式，确定 AR/VR 技术要实现的效果，并考虑这些效果是否符合目标用户的喜好和需求。

②确定 AR/VR 技术的应用方式和工具。AR/VR 技术在短视频制作中的应用方式众多，包括全息投影、VR 眼镜、AR 眼镜、虚拟现实、增强现实等。此外，还需要确定 AR/VR 技术的制作工具，如 Blender、Maya、3ds Max 等，以及对应的编辑软件和特效制作工具。

③制定 AR/VR 技术在制作过程中的规范流程与标准。AR/VR 技术涉及的制作流程非常广泛，如设计、模型制作、编程、特效制作等多个环节需要配合完成。制作团队需要制定一套全面的规范流程与标准，以保证短视频制作所需的 AR/VR 技术能够最大程度地得以应用。

④利用多元化的素材、场景和特效进行创作。AR/VR 技术在短视频制作中多样化的应用形式，使得制作团队可以利用多元化的素材、场景、特效和交互方式进行创作。此外，制作团队还需从场景建模、特效制作和色彩搭配

等多个方面出发，确定短视内容的主调、特点。

（3）未来 AR/VR 技术在短视频制作中的应用

AR/VR 技术在短视频制作中的应用正逐渐成为一个新兴的趋势。在未来，可以预见的是 AR/VR 技术将逐渐成为短视频制作不可或缺的一部分。这也将使得短视频制作可以更深入地挖掘用户的个性化需求，提供更丰富、多样化和有趣的用户体验。

随着 AR/VR 技术的不断发展和普及，相信在将来 AR/VR 技术的应用形式和范畴也将会变得更加多样化和创新化。未来 AR/VR 技术在短视频制作中的应用将会变得越发频繁，同时也将会给相关内容 IP 提供更好的广告推广和品牌宣传。同时，随着技术的迭代和消费者体验的提升，AR/VR 技术在短视频制作中的应用也将普及于更加广泛的应用场景中。

虽然 AR/VR 技术在短视频制作中的应用还处于初级阶段，但是通过近年来的实践和应用，可以看到 AR/VR 技术在提升视频质量、用户体验和创意性方面的巨大潜力。随着技术的发展和应用场景的不断拓展，短视频 +AR/VR 技术将有更加广阔的发展前景和市场空间。而对于短视频制作团队而言，合理运用 AR/VR 技术，创新营销手段，将成为自身竞争的优势。

总之，AR/VR 技术在短视频制作中的应用越来越广泛的形式。通过充分发挥 AR/VR 技术的特点和功能，短视频制作将会提供更具创新性、多样化、趣味性、互动性和高度定制化的内容形式，从而推动短视频产业的进一步发展。

6.3 5G 技术在内容 IP 打造与短视频制作中的应用

6.3.1 5G 技术的特点和应用场景

随着 5G 时代的到来，数字内容传播将得到更好的支持和提升。互联网技术的发展为数字内容的传播提供了便利，但其仍未达到繁荣顶峰，5G 技术的开启将进一步推动数字时代的发展，对内容 IP 的打造和短视频制作产生巨大影响。5G 技术作为下一个移动通讯领域的关键技术，其不仅仅带来网络速度的提升，更是一个新的数字时代的开始。下文主要介绍 5G 技术的定义、特点和应用场景。

5G 即第五代移动通信技术，是移动通信领域的最新标准。5G 技术最重要的特点是高速率、低延时和大连接，致力于提供更高效的数据速率和网络连接，使得各种尖端技术得到更新，包括机器人、自动汽车、增强现实、虚拟现实、无人机等。5G 技术具有如下特点：①更高的传输速度。5G 技术的传输速度相比于 4G 技术有了很大的提升，传输速度最高可达 1Gbps，甚至可达 10Gbps，其速度是 4G 技术的 10 倍以上。高速传输速度为数字内容的传输和实现提供了基础和保证，可以实现更快捷、更流畅、更高清晰度的视频和其他数字内容的传输。②较少的延迟时间。5G 技术可以实现毫秒级别的延迟，为实时传输和交流带来了无限可能，这对于直播和实时传输等数字内容传输是非常重要的。传输的低延迟时间还可以使得如增强现实和虚拟现实等需要实时感知和交互的应用成为可能。③更大的连接密度。5G 技术可实现 100 万个设备在 1 平方千米内的互联，这些设备可以同时连接到一个基站，因此可以实现更多的连接，推动物联网的发展，为各种物联网设备的应用和数字内容的开发提供了更广阔的空间和发展机会。

5G 技术作为移动通讯领域的关键技术，其不仅仅代表着网络速度的提升，更代表着一个新的数字时代的开始。随着 5G 技术的快速普及，它所具备的高速率、低延迟、大连接密度等优势，正在逐步改变着人们的生活方式，促进各大产业的蓬勃发展。下面将重点介绍 5G 技术的应用场景，并分析其对短视频制作和内容 IP 打造的影响。

高清视频传输。在 5G 时代，实现更清晰、更稳定、更快速的视频传输方式变得更加容易。5G 技术可以满足数字内容传输的需求，无论是 4K、8K 甚至更超高清视频都可以流畅传输。这种高清视频传输技术，可以为短视频制作、互动直播和在线直播等业务带来更好的效果和更多的商业机会。

短视频制作已然成为一种新的文化趋势，借助 5G 技术，短视频制作将得到更好的推广和普及。5G 技术所提供的高速率和低延迟等优势，将保证短视频制作的质量，同时也为其创新和快速迭代提供了更多的机会。互动直播和在线直播也是 5G 技术的另一个应用方向。5G 技术可以支持大规模高清实时传输，使得直播场景变得更加立体、更加真实。这也为短视频制作带来了更加优质和多元化的素材来源和展示空间。

智能家居。5G 技术能够大大提升物联网的连接效率和连接密度，实现智能家居设备的远程控制和互联功能，提高设备使用效率和便利度。这些连接的物联网设备，可以为短视频制作和内容 IP 打造带来更多创意方向和技术支持。智能家居领域的创新和发展正挟力而行，随着 5G 时代的到来，智能家居设备的应用领域将变得更加广泛和多样化。例如，智能家居设备可以提供数据支持，帮助短视频制作公司了解用户需求，为内容 IP 打造提供更精准的定位和策略支持。

虚拟现实。5G 技术可以为虚拟现实技术提供更加高速的网络连接机会，实现虚拟现实技术的流畅体验和沉浸式体验。这种虚拟现实应用场景，在短视频制作中可以为文化旅游、娱乐和游戏等领域带来更加丰富多彩的呈现方式和更佳的用户体验。虚拟现实技术将在未来得到更广泛的应用，因为它在游戏、影视、旅游等领域的潜在价值巨大。5G 技术提供的高速率和低延迟，能满足虚拟现实技术的数据传输需求，为短视频制作和内容 IP 打造带来更多创新方向。

智慧城市。5G 技术可以实现对整个城市的智能化监测和管理，包括交通、环境监测、公共安全等各方面的数据采集和分析。这种大数据分析和管理技术，也可以为短视频制作和内容 IP 打造带来更多的素材来源和展示空间。智慧城市是数字化时代的一个重要领域，其基础是对各种城市数据的实时采集、分析和处理。5G 技术在智慧城市领域的应用，可以实现对城市各方面的数据监测和管理，例如：公共交通、市政管网、环境监测等，这些数据可以为短视频制作和内容 IP 打造带来更多素材来源和创意思路。

智能教育。随着现代教育的发展，数字技术已经成为学习的新方式和新手段。5G 技术的到来，将进一步推动数字技术的应用和普及，智能教育也将有快速发展的趋势。5G 技术所提供的高速率和低延迟，能为在线学习、远程教学等数字教育领域提供更好的技术支持，提供更加高效的在线学习体验。短视频作为一种信息传递方式，可以帮助教育机构和企业进行信息宣传和传播，同时也可以为学生提供更具有趣味性和交互性的学习体验。

医疗健康。5G 技术在医疗健康领域的应用，可以提供更加高效和精准的医疗服务。例如，在远程诊疗、加急救护、医疗管理、医疗影像等方面，

5G 技术都可以发挥重要作用，提供更加高效的医疗解决方案。短视频可以通过宣传片、视频教育、案例剖析等形式，提高公众对医疗知识的认识度和重视程度，同时也可以为医疗机构提供更多的宣传渠道和内容 IP 打造方向。

智慧农业。随着畜牧、种植等农业领域的发展，数字技术的应用正在逐步渗透到这些领域。5G 技术在智慧农业领域的应用，可以实现对农业生产各方面的数据采集、分析和处理，提高农业生产效率和质量。短视频可以通过品牌宣传、农产品介绍等形式，推广农产品知识和农业科技，同时也可以为农产品打造更多元化和个性化的内容 IP。

总的来说，5G 技术的应用场景非常广泛，短视频制作和内容 IP 打造也将因此受益。随着 5G 技术的广泛应用，数字内容的互动和传输将更加快速、便捷和高效，将会为短视频制作和内容 IP 打造带来新的机遇和挑战。

同时，在 5G 技术的推动下，数字时代的创新和发展也正在加速进行。短视频制作和内容 IP 打造将成为数字时代最重要的领域之一，在数字技术的支持下，短视频制作和内容 IP 打造将得到长足发展。未来，短视频制作和内容 IP 打造亦将会随着数字技术的进步，在创意和技术上实现更加卓越的发展，为数字时代的创新和发展注入生机。

6.3.2 5G 技术在内容 IP 打造和短视频制作中的应用实例

随着 5G 技术的发展和普及，数字媒体内容的制作和传输变得更加快捷和便利。这让短视频制作和内容 IP 打造领域充满了创意和机遇。下面，我们将阐述 5G 技术在内容 IP 打造和短视频制作中的应用。

基于 5G 技术的云编辑。在传统的视频编辑过程中，视频需要先上传至云端，并在云端进行剪辑、修改和转换。这通常需要很长时间，限制了制作团队的工作效率。4G 技术也可以实时编辑，但是相比 5G 技术，在实时数据传输和处理速度、网络带宽、时延、连接数等方面存在较大的差异。4G 技术提供的网络带宽和时延相对较低，可能会影响视频剪辑的速度和效果，同时也容易出现视频花屏、卡顿等问题，从而影响视频的质量和用户体验。而基于 5G 技术的云编辑采用实时数据传输，摒弃了传统编辑过程中的本地存储和处理环节，从而实现实时在线编辑，这能大大提高制作效率，实现在全球范围内任何时间、任何地点进行短视频制作和编辑。编辑人员可以直接在云端进行视频的上传、剪辑、处理和发布等操作，从而提高整个生产周期的效率。例如，某公司为了提高视频制作效率和质量，利用 5G 技术和编辑云平台，制作了一系列短视频广告。这些短视频广告吸引了大量消费者的关注和购买，极大地提高了该品牌知名度和市场份额。

基于 5G 技术的 VR 互动。基于 5G 技术的 VR 互动为内容 IP 打造带来了一个全新的交互体验。高速率和低延迟的技术使得观看者可以流畅地感受到虚拟现实的魅力，与所处的场景和角色互动，从而更好地融入了视频内容所营造的氛围。

例如，某公司在 2019 年的世界移动大会上，利用 5G 技术和 VR 技术，打造了一个名为 "5G+XR Semi-automatic Charging System" 的充电场景。该场景在全球范围内吸引了无数人的关注，成为了数字媒体内容 IP 打造的一个经典案例。

基于 5G 技术的智能交互。基于 5G 技术的智能交互，可以将短视频制作和内容 IP 打造的交互性提高到一个全新的水平。虽然说，4G 技术也可以做到基于智能交互的视频社交功能，但是相比 5G 技术，在网络带宽、连接数、时延、稳定性等方面存在着不小的差异。4G 技术存在网络速度和稳定性方面的局限，可能会在用户进行视频交互时出现卡顿、延迟等问题，限制了互动交流的流畅性和体验感。而 5G 技术具有超高速、低时延的特点，相对于 4G 而言，有更优秀的网络性能，可以更好地实现视频互动的流畅稳定，提高观众的参与度和互动性。此外，5G 技术可以实现更多的功能和服务，例如更多的互动元素、更快的视频推送速度、更高的网络质量、更低的时延等，可以让视频交互更加智能化、自由度更高。因此，相比 4G 技术，5G 技术在实现智能交互方面具有更多的优势和更大的潜力。

基于 5G 技术的内容推广。5G 技术的高速率和低延迟，使得视频内容推送变得更加便捷和高效。基于 5G 技术的内容推广，在一定程度上有助于确保在视频推送和互动过程中的高速率和低延迟，进而保证视频内容能够快速流畅地到达用户终端设备，并保证用户的互动不会因网络问题出现卡顿和延迟。这种优势可以使得内容的传播更为高效，并带来更好的用户体验。基于 5G 技术的内容推广模式，还可以覆盖全球数亿用户，并最大限度地提高用户观看率和互动性。

基于 5G 技术的内容生产。基于 5G 技术的内容生产方式，可以以现场和远程方式进行，提高了摄影师和制作人员的工作效率和品质。例如，某音乐和某平台利用 5G 技术，合作制作了一系列音乐表演视频。在这些视频的制作过程中，5G 技术使得现场的摄像机和远程制作人员之间的数据传输更加流畅，加快了视频的后期制作和发布进程，大大提高了作品的品质和制作效率。

总之，随着 5G 技术的普及，数字媒体领域的短视频制作和内容 IP 打造正在迎来新的机遇和挑战。5G 技术的高速率、低延迟、大连接密度等优点，将使短视频制作和内容 IP 打造领域更加高效、便捷。

第七章　结论与展望

7.1 研究结论总结

7.1.1 内容 IP 与短视频的互动发展趋势

本书通过对内容 IP 和短视频产业链的分析、技术支持和版权保护等方面的研究，得出了以下结论。

内容 IP 和短视频已成为数字媒体的重要部分，并且随着数字媒体的发展在不断演进和发展。它们代表数字文化和数字时代人们传播信息的新方式，具有重要的理论意义、现实意义和实践价值。

内容 IP 的打造和短视频的制作是内容 IP 和短视频产业链中的重要环节。从内容 IP 的人物和情节创作、市场调研和品牌定位以及跨平台传播和营销策略三个要素入手，可以有效推动内容 IP 打造的短视频发展。而从视觉语言和叙事表现、制作流程和技术要点、创新方式三个角度出发，则能较好地推进内容 IP 和短视频制作的创新方式。

内容 IP 和短视频的融合可以增加新颖度和吸引力，并提高内容的传播效果。同时，在内容 IP 与短视频的创新模式及营销策略分析方面，通过案例分析，本书探究了不同类型的内容 IP 与短视频的相互作用，推广了创新模式和营销策略。

技术支持是内容 IP 打造和短视频制作过程中不可或缺的一环。探讨了 AI 技术在内容 IP 打造中的应用、AR/VR 技术在短视频制作中的应用以及 5G 技术在内容 IP 打造与短视频制作中的应用等，指出它们将对内容 IP 与短视频的发展产生重要影响。

在内容 IP 与短视频的版权保护本书提出了相关的版权保护策略和措施，并探讨了社交媒体平台的著作权保护措施。

未来，内容 IP 与短视频的深度融合和商业化应用以及技术创新将对内容 IP 和短视频产业继续产生影响，国际合作和跨文化传播在内容 IP 与短视频的发展中将逐渐发挥出更重要的作用。这些将对内容 IP 和短视频产业链的未来发展带来更大的机遇和挑战。

综上所述，本书对内容 IP 和短视频的互动发展趋势进行了深入探讨和研究，对理论研究和实践应用都具有一定的指导意义和理论价值。未来，需要在不断实践的基础上不断完善和深化相关研究，为内容 IP 和短视频产业链的可持续发展和创新提供更多的支持和保障。

7.1.2 内容 IP 打造与短视频制作的关键要素

随着数字媒体的兴起和互联网科技的不断发展，内容 IP 和短视频已经成为数字文化和数字时代人们创造和传播信息的新方式。本书通过分析内容 IP 和短视频产业链中的重要环节，总结了内容 IP 打造和短视频制作的关键要素，包括内容 IP 的人物和情节创作、市场调研和品牌定位、跨平台传播和营销策略，以及短视频的视觉语言和叙事表现、制作流程和技术要点、创新方式等方面。同时，本书提出了内容 IP 与短视频的深度融合和商业化应用、技术创新和社交媒体对内容 IP 和短视频产业的影响、国际合作和跨文化传播等未来发展趋势。

首先，在内容 IP 打造方面，人物和情节创作是最为关键的一环。通过深入研究受众市场、文化趋势以及精神观念，打造出具有市场竞争力和创新性的内容 IP，从而为 IP 品牌的发展和推广打下坚实基础。其次，市场调研和品牌定位是内容 IP 打造的重要手段，通过对市场和人群的调研，确定内容 IP 的品牌定位和目标受众，从而推动内容 IP 的定位和发展。最后，跨平台传播和营销策略是推动内容 IP 打造的关键手段，能够有效地拓展内容 IP 的受众范围，提升内容 IP 的传播效果和影响力。

在短视频制作方面，视觉语言和叙事表现、制作流程和技术要点、创新方式是关键要素。首先，在短视频的视觉语言和叙事表现方面，要具有视觉冲击力和情感表达能力。其次，在制作流程和技术要点方面，需要具备良好的制作能力和熟练的技术操作，从而确保短视频的专业性和质量。最后，在创新方式方面，需要不断尝试新的制作方法和表现形式，满足受众对短视频的需求。

此外，技术支持也是内容 IP 打造和短视频制作过程中不可或缺的一环。目前，AI 技术、AR/VR 技术和 5G 技术等新技术不断发展，它们已经得到了广泛的应用。AI 技术在内容 IP 打造和制作中的应用，能够提高内容创作效率和创作质量；AR/VR 技术在短视频制作中的应用能够提高短视频的沉浸式体验和与受众的互动性；5G 技术则加速了流媒体传输和高清视频产业的发展。

展望未来，内容 IP 与短视频的深度融合和商业化应用、技术创新和社交媒体对内容 IP 和短视频产业的影响、国际合作和跨文化传播等趋势将对内容 IP 和短视频产业链的未来发展带来更多机遇和挑战。在深度融合方面，可以通过加强内容 IP 与短视频的联动，创造更多的商业价值；在技术创新方面，可以加强新技术与内容 IP 和短视频的结合，实现数字文化的创新；在社交媒体方面，可以通过社交媒体平台改善内容 IP 和短视频的营销策略和传播力度；在国际合作和跨文化传播方面，可以通过多样化的文化交流、市场拓展和语言翻译促进内容 IP 和短视频的全球化发展。

总之，内容 IP 和短视频已成为数字媒体发展的关键领域，其对数字文化和数字时代人们创造和传播信息的方式产生了重要影响。通过深入研究内容 IP 与短视频的关键要素、未来趋势和发展方向，有助于及时把握内容 IP 和短视频行业发展的机会，促进数字文化产业的发展。

7.1.3 内容 IP 与短视频的结合创新方式和实践路径

内容 IP 和短视频作为数字媒体的重要组成部分，已经成为数字文化和数字时代人们创造和传播信息的新方式。虽然内容 IP 和短视频在发展中各自有着独特的发展方向，但是它们的结合却能够为数字文化创新提供新的思路和实践路径。本书通过分析内容 IP 与短视频的结合创新方式和实践路径，总结出以下内容。

IP 和短视频的深度融合。内容 IP 与短视频的深度融合，能够创造更多商业价值和新颖效果。一方面，内容 IP 可以通过短视频来推广自己，提高知名度和曝光度，从而加强品牌的塑造和积淀；另一方面，短视频可以通过融合内容 IP 的要素，增加新颖性和吸引力。例如，可以通过在短视频中加入与 IP 相关的情节和人物，来调动受众对内容 IP 的关注度和兴趣。

内容 IP 和短视频结合的营销策略。内容 IP 和短视频结合的营销策略也是推动双方结合的一个重要因素。在营销策略中，品牌定位和受众定位是重要环节。内容 IP 可以通过短视频来传播和推广品牌，增强品牌形象和认可度；短视频可以通过 IP 的人物和情节元素来扩大受众群体，增加用户黏性。同时，跨渠道的推广策略也能够为内容 IP 和短视频的结合带来更大的影响力和市场竞争力。

内容 IP 和短视频的创新方式。内容 IP 和短视频的创新方式也是实现双方结合的关键。一方面，内容 IP 可以通过短视频来扩展内容形式，丰富内容呈现方式，并增强与用户的互动性；另一方面，短视频可以通过全新的拍摄方式、剪辑方式及配乐、配音等方式，来提升内容 IP 的观赏体验和用户黏性，从而体现出双方结合的创新性和独特性。

实践路径的探索。在实践路径的探索中，需要充分考虑受众的需求和市场的变化，摸索出适合自身特点的结合方式和创新模式。此外，关注营销策略和社交媒体的有效应用，也是策略的重要组成部分。其中，多格式的形式创作和多平台的运营方式是实现双方结合的有效手段。

综上所述，内容 IP 与短视频的结合方向和创新实践路径是当前数字文化创新的重要议题之一。通过 IP 和短视频的互动和结合，可以创造出丰富多彩的数字媒体内容，提高数字文化的利用率，进一步推动数字文化的创新发展。

7.1.4 著作权保护在内容 IP 与短视频发展中的重要性

本书探讨了内容 IP 与短视频的互动发展趋势，其中著作权保护在内容 IP 与短视频发展中扮演了至关重要的角色。本书强调了内容 IP 与短视频的版权保护对音乐产业、影视产业、游戏产业等数字媒体产业的重要意义。同时，本书提出了加强著作权保护的策略和措施，以保障创作者的权益并促进内容 IP 和短视频的发展。

首先，著作权保护是保护创作者权益的基本保障措施。内容 IP 和短视频是数字媒体产业的两个重要支柱，作品中包含了众多创作者的心血和劳动。如果不能有效保护他们的著作权，将会极大地削弱他们的创作热情，削减内容 IP 和短视频产业的创作资源，对整个数字媒体产业的发展都将造成不可估量的损失。

其次，著作权保护对数字媒体产业的发展至关重要。内容 IP 和短视频产业有着广泛的市场和用户群体基础。这些用户需要的是高品质的版权内容。如果不能有效保护内容 IP 和短视频的著作权，不仅会损害创作者权益，也会影响数字媒体产业体系生态的良性发展，甚至对整个数字经济的发展造成不良影响。

再者，著作权保护是数字媒体产业创新的动力和保障。内容 IP 和短视频是数字文化和数字创新的代表，其创作涉及极多元的主题和形式，带给人们全新的体验和感受。而企业的数字创新主张离不开知识产权的保护，只有在保护创作者著作权的同时，数字媒体产业才能创造出更多具有创新性和独特性的内容 IP 和短视频，为数字经济发展注入强大动能。

因此，本书强调了著作权保护在内容 IP 和短视频的发展中的重要性，并提出以下策略和措施以加强版权保护：

建立健全的体系：国家和行业组织应建立完善的著作权管理体系和法规制度，加强版权登记和备案，严厉打击盗版行为，推动数字媒体产业健康发展。

健全技术保障：应加强技术保护措施，采用数字水印和数字版权保护等先进技术，有效"防封堵"著作权保护的漏洞。

加强法律保护：应制定更加严格、更具惩罚性的法律制度，加大对盗版者的法律惩罚力度，提高非法盗版的成本，以保护创作者权益，维护数字媒体产业生态。

开展宣传教育：加强版权保护的宣传和教育，提高公众版权意识，引导用户在意识和行为上支持原创，降低非法盗版对数字媒体产业的威胁。

著作权保护是数字媒体产业创新和发展的基础和保障，是推动内容 IP 与短视频产业健康发展的必要条件之一。随着数字媒体产业的不断发展和全球数字化的浪潮到来，加强著作权保护已经成为业界和政策层面的共识。在未来，随着数字媒体产业的进一步融合和发展，著作权保护将会更加重要。只有加强著作权保护，保障数字媒体产业的创新和发展，才能创造更具创造力和独特性的内容 IP 和短视频，为数字文化消费和数字经济发展注入生机和活力。

7.2 研究展望和未来趋势

7.2.1 内容 IP 与短视频的深度融合和商业化应用

目前，内容 IP 和短视频已成为数字媒体产业发展的两大核心领域，众多企业和创作者在这些领域中获得了良好的经济效益和社会效益。内容 IP 和短视频为数字娱乐、数字文化和数字经济带来全新的发展路径。未来，内容 IP 和短视频的深度融合和商业化应用将成为数字媒体产业的发展趋势之一。

首先，内容 IP 和短视频的深度融合将会是未来数字媒体技术发展的重要方向。目前，随着虚拟现实、增强现实、人工智能等数字媒体技术的不断发展，内容 IP 和短视频的表现形式和体验方式也在不断创新。例如，内容 IP 和短视频可以通过虚拟现实技术来提升用户体验和互动性，增强现实技术也可以将内容 IP 和短视频的传播效果进一步提升，以更加饱满的呈现方式跨越数字媒体和现实世界的界限。

其次，数字媒体平台将会有更多的商业化应用，例如内容 IP 和短视频的社交和商业化模式将会变得更加多样化和个性化。内容 IP 和短视频的传播方式已经发生了翻天覆地的变化，数字媒体平台也应该跟随市场需求，加速开发新的商业模式，创造更多的商业价值，为内容 IP 和短视频产业拓展更为广阔的发展空间。例如，内容 IP 和短视频产品可以和电子商务结合，通过互联网卖场等多种渠道进行销售，从而获得更稳定的收益。

最后，内容 IP 和短视频产业将进一步全球化发展，通过更加积极的国际合作和跨文化传播，提升知名度和影响力。内容 IP 和短视频的跨文化传播比较特殊，因为其中涉及的文化、价值观、传统和习惯等都存在很大差异。因此，在进行跨文化传播时，需要更加注重国际合作、文化交流和信息交流，才能更好地促进内容 IP 和短视频的全球化发展。

总之，未来的内容 IP 和短视频产业将会更加多样化和创新化，深度融合和商业化应用将是其重要的发展趋势。内容 IP 和短视频的发展空间将变得更加广阔，需要各方面的共同推进，包括政府、企业、创作者和用户。在这样的背景下，未来的数字媒体产业将进入一个全新的时代，数字化、全球化和创新化将为数字媒体产业的发展注入新的动力和生命力，内容 IP 和短视频产业也将涌现更多的发展机遇。

7.2.2 技术创新和社交媒体对内容 IP 和短视频产业的影响

内容 IP 和短视频是数字媒体产业发展的重要领域，它们已经成为数字娱乐、数字文化和数字经济的重要组成部分。未来，随着技术的不断创新和社交媒体的迅速发展，内容 IP 和短视频产业将面临着更多的变革和挑战。接下来就技术创新和社交媒体对内容 IP 和短视频产业的影响进行探讨。

技术创新对内容 IP 和短视频产业将会产生深远的影响。随着虚拟现实、增强现实、人工智能等数字媒体技术的不断创新，内容 IP 和短视频的表现形式和体验方式也在不断创新。

虚拟现实技术具备沉浸式互动体验的特点，让用户可以感受到真实世界的模拟环境。虚拟现实技术对内容 IP 和短视频产业产生了深刻的影响，为内容 IP 和短视频的体验和创新提供了更多可能。例如，通过虚拟现实技术，内容 IP 和短视频可以带给用户更加真实的观影、游戏体验，进一步提升用户的沉浸感和参与度。

增强现实技术是一种将虚拟图像与真实世界相结合的技术，可以将内容 IP 和短视频的传播效果进一步提升。例如，内容 IP 和短视频可以通过增强现实技术呈现更为完整的商品信息、创意宣传等，进一步增强企业的商业价值和市场竞争力。

人工智能技术可以让内容 IP 和短视频更智能、更标准化、更自动化。例如，人工智能技术可以自动地识别内容IP和短视频中的图像、语音和文字等元素，从而更好地服务于广告投放、用户行为分析、安全监管和版权维护等方面。

现今，社交媒体已经成为内容IP和短视频产业传播和营销的重要渠道之一。社交媒体具有社交性强、传播速度快、精准定位和定向推送的特点，能够帮助内容IP和短视频产业迅速扩大受众，提升作品知名度和商业价值。社交媒体对内容IP和短视频产业的影响主要可以分为以下几个方面。

社交媒体的传播特点。随着社交媒体的迅速崛起，内容IP和短视频的传播方式也发生了翻天覆地的转变。社交媒体具有互动性和社交属性强、传播速度快、发布成本低的优势，能够快速扩大内容IP和短视频的影响力。

社交媒体的商业化模式。社交媒体的商业化模式也带来了内容IP和短视频产业的重要变化。例如，内容IP和短视频产业可以通过社交媒体来进行网络营销、广告投放和用户群体定位，从而进一步扩大用户群体和提升产品价值。同时，社交媒体也能够为内容IP和短视频创作者提供交流、互动和创意共享的平台，促进内容IP和短视频的持续发展。

未来，内容IP和短视频产业将会充分利用虚拟现实、增强现实、人工智能等技术创新，进一步提升用户体验和商业价值。同时，社交媒体也将为内容IP和短视频产业带来更多用户和市场机会，实现更加广阔的发展前景。内容IP和短视频产业将更加注重用户需求和互动体验，这将成为未来内容IP和短视频产业的重要发展趋势。内容IP和短视频的体验和互动将更为智能化、个性化和多样化，这将为娱乐、教育、文化、商业等各个领域带来全新的数字媒体生态。同时，内容IP和短视频产业将加强国际合作和跨文化交流，实现更加广泛和深入的全球化发展。随着全球化的不断深入，内容IP和短视频产业将越来越受到国际市场的重视。这也意味着，全球内容IP和短视频产业的发展，需要各方的合作和努力。

综上所述，技术创新和社交媒体对内容 IP 和短视频的产业影响已经开始显现，未来将会越来越深入。内容 IP 和短视频产业需要充分利用技术创新和社交媒体平台优势，创新服务模式和商业模式，打造更具有竞争力和商业价值的数字媒体产品，为数字娱乐、数字文化和数字经济的发展注入全新的活力。同时，也需要重视原创和版权保护，促进数字媒体产业健康发展，实现内容 IP 和短视频产业的可持续性健康发展。

7.2.3 国际合作和跨文化传播在内容 IP 和短视频产业中的应用

随着全球化的发展，文化领域的国际交流越来越频繁，内容 IP 和短视频产业也在跨文化传播和国际合作中获得了不小的进展。然而，与此同时，在全球化交流中，文化、历史、地域以及价值观等多方面的差异也给企业和创作者带来了挑战。因此，在未来，如何加强内容 IP 和短视频产业的国际合作和跨文化传播是数字产业的重要议题之一。。

首先，内容 IP 和短视频产业应该加强海外市场布局。在数字媒体产业全球化交流中，海外市场的重要性不可忽略。内容 IP 和短视频产业企业可以通过多种渠道开拓海外市场，包括与海外数字媒体平台的合作，以及开展数字媒体文化展览等活动，增进海外市场对我国内容 IP 和短视频产业的了解和认知。

其次，内容 IP 和短视频产业应该注重跨文化传播和合作。跨文化传播是内容 IP 和短视频产业进行国际合作的重要前提，也是推进文化交流的方式之一。内容 IP 和短视频产业可以借助跨文化交流平台，进行文化交流和合作，从而提升内容 IP 和短视频产业的国际知名度。

再次，内容 IP 和短视频产业应该加强国际合作，实现内容 IP 和短视频产业在全球化交流中的互利共赢。这包括内容 IP 和短视频产业企业的国际化合作，例如联合制作和运营数字娱乐、数字文化等项目。在和国外企业进行合作时，需要结合当地市场需求和文化差异，实现内容 IP 和短视频产业的全球化价值。

最后，内容 IP 和短视频产业应该进一步加强文化自信和文化自主权。文化自信和文化自主权是国家和民族发展的重要因素，在全球化交流中也非常重要。内容 IP 和短视频是数字文化和数字娱乐的代表，应该让更多的数字文化和数字娱乐走向世界舞台，提高自身的国际知名度和影响力，推进数字娱乐和数字文化更好地融入当地文化，以不断扩展数字产业的市场。

综上所述，国际合作和跨文化传播是内容 IP 和短视频产业在全球化交流中的重要方向。内容 IP 和短视频产业应该注重发展自身的国际化和多样化，增强跨文化交流与合作，强调文化自信和文化自主权，推动全球数字媒体产业共同发展。只有加强国际合作和跨文化传播，内容 IP 和短视频产业才能在全球范围内得到发展，为全球数字媒体产业健康发展注入更为强大的动力。

参考文献

[1] 谢妍. 短视频创新: 内容引领网红经济新模式 [J]. 电视研究, 2017 (6).

[2] 王福秋. 5G 时代体育短视频生产传播的媒介趋向与引导机制研究 [J]. 体育与科学, 2020 (6).

[3] 范红, 周鑫慈. 中华优秀传统文化短视频传播的内容创新与优化策略 ——以 "# 谁说京剧不抖音" 为例 [J]. 出版广角, 2021 (11).

[4] 杨茂林. 融媒体和新文创背景下科普 IP 形象设计创新方法 [J]. 包装工程, 2022 (10).

[5] 刘誉, 童斐, 洪浩洋. 短视频对影视制作理论的创新运用探析 [J]. 当代电视, 2023 (4).

[6] 刘楠. 新型主流媒体短视频传播的创新与发展研究 [J]. 新闻爱好者, 2022 (2)

[7] 张意轩, 刘赫, 王靖远. 用极致精神打造新媒体 "燃视频——中国 24 小时" 系列微视频创作谈 [J]. 新闻战线, 2020 (24).

[8] 王胜利, 曹雨苗. 5G 时代短视频的内容生产与运营策略探析——以

李子柒现象为例 [J]. 传媒，2020（16）.

[9] 秦枫，周昱瑾. 基于用户评论的移动短视频内容生产与优化策略 [J]. 中国电视，2022（6）.

[10] 何日辉. 短视频的应用类型与盈利模式 [J]. 新闻战线，2019（17）.

[11] 王飚，章乐. 短视频 IP 价值评估影响因素研究 [J]. 科技与出版，2022（8）.

[12] 赵谦，张思远. 时代感，IP 化与全媒体联动：中国新媒体纪录片研究 [J]. 艺术评论，2020（9）.

[13] 周敏，王希贤. 短视频平台如何更好平衡社会责任和企业效益——以快手非遗 IP 打造为例 [J]. 现代视听，2021（5）.

[14] 刘玉雯. 经典视频 IP 与短视频 IP 变现之比较 [J]. 精品，2019（11）.

[15] 石佳敏. 短视频自媒体 IP 开发的维度与策略研究 [D]. 长沙：湖南大学，2020.

[16] 林晓琳. 传统媒体在短视频时代的发展新思路 [J]. 东南传播，2020（012）.

[17] 夏静怡. 新闻类网络短视频的编辑方法与创新 [J]. 河北能源职业技术学院学报，2019（1）.

[18] 徐起超. 短视频的制作创新分析 [J]. 科技传播，2018（16）.

[19] 牟焕森，沈绮珊，宁连举. 短视频平台型企业商业化转型的商业模式创新——以快手为例 [J]. 企业经济，2021（1）.

[20] 陈少峰，李源. 文化产业领域 IP 孵化与艺术生产商业模式创新 [J]. 艺术百家，2017（4）.

[21] 张海涛，张鑫蕊，周红磊. 融合用户偏好与内容特征的短视频传播

效果评价研究 [J]. 图书情报工作，2020（16）.

[22] 王颖吉，时伟. 美学与模式：乡村短视频内容生产及其创新发展 [J]. 中国编辑，2021（11）.

[23] 张凌云，王福. 短视频产业信息服务模式的场景化创新机理及实现路径 [J]. 图书馆，2021（9）.

[24] 李雪. 叙事逻辑与影像价值：短视频主流化的内容生产张力——兼论主流媒体短视频艺术创新策略 [J]. 中国电视，2022（3）.

[25] 金梦玉，丁韬文. "短视频 + 新闻评论"的创作路径、发展瓶颈与未来探索 [J]. 中国编辑，2021（6）.

[26] 温凤鸣，解学芳. 基于区块链赋能的短视频内容产业创新与优化路径 [J]. 中国编辑，2021（9）.

[27] 郭小平，贾瑞欣. 短视频新闻的创新法则、发展困境与提升路径 [J]. 中国编辑，2022（3）.

[28] 陈妍如. 新新媒介环境下网络短视频的内容生产模式与思考 [J]. 编辑之友，2018（6）.

[29] 郑满宁. 短视频时代 Vlog 的价值，困境与创新 [J]. 中国出版，2019（19）.

[30] 王晓红，郭海威. 短视频新生态的建构与创新研究 [J]. 中国编辑，2019（7）.

[31] 王晨. "互联网 +"背景下独立学院专业学习与党建融合模式的探索 [J]. 长江丛刊，2020（9）.

[32] 周菲乔. 移动互联网时代下短视频 APP 的传播模式和传播策略研究 [D]. 成都：成都理工大学，2016.

[33] 王晓红，任垚娓.我国短视频生产的新特征与新问题 [J].新闻战线，2016（9）.

[34] 于晓娟.移动社交时代短视频的传播及营销模式探析 [J].出版广角，2016（24）.

[35] 董彪.二次创作短视频合理使用规则的适用与完善 [J].政治与法律，2022（5）.

[36] 毕达天，王福，杜小民.短视频产业场景式服务及其价值创造路径研究 [J].情报理论与实践，2021（2）.

[37] 徐彤阳，李婷.短视频社会化阅读推广效果分析——以抖音短视频为例 [J].图书馆，2021（2）.

[38] 陈甦，刘小妹.以法律规制和引领"短视频"长效发展 [J].人民论坛，2020（4）.

[39] 何飞，汪宴卿.后真相时代热点舆情事件中短视频的情感传播研究 [J].当代传播，2023（4）.

[40] 张梓轩，王海，徐丹."移动短视频社交应用"的兴起及趋势 [J].中国记者，2014（2）.

[41] 赵昱，王勇泽.短视频的传播现状分析 [J].数字传媒研究，2015（3）.

[42] 程前，沈丹妮，盛夏妍.移动短视频发展乱象及治理 [J].视听，2017（1）.

[43] 韩飞，何苏六.新媒体的生产传播创新与发展路向——以纪实短视频为例 [J].出版广角，2017（4）.

[44] 白杨，穆童.传统影视内容短视频传播的意义解构及价值重思 [J].编辑之友，2022（7）.

[45] 郭新茹，韩靓，刘凌.认知盈余视角下用户参与短视频内容生产的影响因素研究 [J].新闻大学，2022（9）.

[46] 尤浩.论版权平台化背景下短视频创作者权益保护 [J].中国出版，2021（10）.

[47] 胡正荣，李荃.回归内容价值实现：智慧全媒体时代下短视频行业发展的破局关键 [J].中国编辑，2020（6）.

[48] 严三九，刘峰.5G 背景下短视频内容生态重构探析 [J].中国编辑，2020（6）.

[49] 李修齐.短视频内容引导与版权保护体系 [J].中国出版，2017（16）.

[50] 聂静，程海燕.短视频内容传播的版权保护研究 [J].中国出版，2020（3）.

[51] 黄艳.网络视频内容生产中的 IP 价值链建构进路 [J].中国电视，2019（2）.

[52] 周佳文.短视频时代传统手工艺 IP 化传播策略探析 [J].明日风尚，2022（9）.

[53] 邹明霏，王烨烨.新媒体产生的网红 IP 流量问题分析和对策研究——以抖音短视频为例 [J].产业创新研究，2019（9）.

[54] 朱艳芳.抖音短视频原创 IP 打造策略研究：以洋葱集团为例 [D].成都：西南财经大学，2020.

[55] 刘小贝.短视频风口下的超级 IP 运营 [J].经贸实践，2018（5）.

[56] 姚秀秀.使用与满足理论视角下移动短视频的发展策略研究——以秒拍 APP 为例 [D].南昌：江西财经大学，2023.

[57] 郑瀚文，朱屿，陈雯奕.校园短视频中 IP 建置及认同分析——以抖

音为例 [J]. 中国报业， 2022（4）.

[58] 杨帆 .IP 剧在抖音短视频平台的传播机制及优化策略研究 [J]. [2023–11–04].

[59] 崔旺旺 . 从 ID 到 IP 化网红的市场发展研究——基于短视频新媒体分析 [J]. 市场周刊， 2018（9）.

[60] 吴佳怡 . 基于短视频平台的 IP 经济模式研究——以抖音为例 [J]. 电子商务， 2020（7）.

[61] 王婷 . 左手内容生产，右手商业模式——"魔都电台"探索广播第二曲线的创新实践 [J]. 上海广播电视研究， 2021（1）.

[62] 袁松 . 新媒体背景下短视频制作创新方法 [J]. 卫星电视与宽带多媒体， 2021（18）.

[63] 盛毅韬 . 短视频分享应用与新闻传播方式的创新 [J]. 新闻世界， 2014（7）.

[64] 林清强，姜辽 . 短视频的分享应用与新媒体领域传播方式的创新研究 [J]. 数字通信世界， 2023（5）：150—152.

[65] 赵力平 . 新闻类网络短视频的编辑方法与创新 [J]. 中国宽带， 2021，（009）.

[66] 王真真，时曙晖 . 移动短视频的发展困境及创新策略 [J]. 青年记者， 2019（26）.

[67] 张丽，周传金 . 聚焦 Z 世代群体，创新短视频表达方式 [J]. 全媒体探索， 2022（1）.

[68] 刘峰，易贤恒 . 媒体融合背景下传统文化 IP 出版的内容创新机制探析——基于《道引·形体牵引篇》的个案研究 [J]. 创意设计源， 2018（3）.

[69] 张益铭 . IP 跨界营销赋能新媒体传播方式的创新发展——以人民日报社新媒体中心为例 [J]. 出版广角，2019（21）.

[70] 郑华雯，刘筝 . 品牌内容 IP 化助推国际传播能力建设——解析广西电台文化"走出去"项目 [J]. 中国广播电视学刊，2019（4）.

[71] 姜宇 . 移动音频 IP 的内容创新与价值评估 [D]. 成都：西南财经大学，2020.

[72] 曾静蓉 . 浅析国产电视剧的"网络文学 IP 热"现象及相关著作权问题 [J]. 西北人文科学评论，2017（1）.

[73] 陈焕 . "小切口"如何呈现"大主题"——以杭州网短视频传播实践为例 [J]. 新闻战线，2023（11）.